A FASCINANTE CONSTRUÇÃO DO EU

AUGUSTO CURY

A FASCINANTE CONSTRUÇÃO DO EU

Como desenvolver uma mente saudável em uma sociedade estressante

2ª edição
6ª reimpressão

academia

Copyright © Augusto Cury, 2011
Copyright © Editora Planeta do Brasil, 2015
Todos os direitos reservados.

Revisão: Norma Marinheiro, Tulio Kawata, Gabriela Ghetti
Diagramação: Triall
Capa: Compañia
Imagem da capa: Philip and Karen Smith/Getty Images

CIP-BRASIL. CATALOGAÇÃO NA FONTE
SINDICATO NACIONAL DOS EDITORES DE LIVROS, RJ

C988f

Cury, Augusto, 1958-
  A fascinante construção do eu / Augusto Cury. - 2. ed. - Brasil: Planeta, 2014.
  il.
  ISBN 978-85-422-0324-0

  1. Autoconsciência. 2. Filosofia da mente. 3. Teoria do autoconhecimento. 4. Memória. I. Título.

14-11505

CDD: 158.1
CDU: 159.95

MISTO
Papel | Apoiando o manejo
florestal responsável
FSC® C005648

Ao escolher este livro, você está apoiando o manejo responsável das florestas do mundo

2024
Todos os direitos desta edição reservados à
EDITORA PLANETA DO BRASIL LTDA.
Rua Bela Cintra, 986 – 4º andar
01415-002 – Consolação
São Paulo-SP
www.planetadelivros.com.br
faleconosco@editoraplaneta.com.br

Oferecimento

Temos a possibilidade de ficar na superfície ou penetrar nas camadas mais profundas da nossa mente. Ofereço este livro a todos os que se arriscam a sair da superfície e procuram conhecer os mecanismos de formação do Eu saudável e inteligente. Sem conhecer e desenvolver tais mecanismos, temos grandes chances de ser imaturos, ainda que portadores de ilibada cultura; miseráveis, ainda que tenhamos grandes somas de dinheiro; frágeis, ainda que investidos de poder.

Sumário

Introdução, 9

CAPÍTULO 1
O Eu deveria ficar assombrado com a mente humana, 13

CAPÍTULO 2
As técnicas inadequadas do Eu como gerente psíquico, 23

CAPÍTULO 3
A definição do Eu e suas funções vitais, 35

CAPÍTULO 4
A memória genética, central e periférica, 45

CAPÍTULO 5
As classes de raciocínio, 73

CAPÍTULO 6
Os tipos de pensamentos, 99

CAPÍTULO 7
A natureza virtual dos pensamentos, 119

CAPÍTULO 8
A autoconsciência, 149

CAPÍTULO 9
*O Gatilho da Memória:
uma festa para a qual o Eu não se convidou*, 169

CAPÍTULO 10
O Eu construtor e reconstrutor, 179

Introdução

Você teria coragem de subir num avião e fazer uma longa viagem sabendo que o piloto não tem experiência, que tem poucas horas de voo? Relaxaria se soubesse que ele desconhece os instrumentos de navegação? Dormiria se ele não tivesse habilidade para desviar de rotas turbulentas, com alta concentração de nuvens e descargas elétricas?

Fiz essas perguntas simples numa conferência que dei sobre *A Educação do Século XXI* para cerca de 300 coordenadores de faculdade, reitores e pró-reitores do país, que representam um universo de mais de 100 mil alunos universitários. É óbvio que todos responderam que se sentiriam completamente desconfortáveis. Muitos nem sequer ousariam pisar nessa aeronave. Mas os abalei ao afirmar que embarcamos diariamente na mais complexa das aeronaves, comandada por um piloto frequentemente despreparado, mal equipado e mal-educado e, portanto, sujeito a causar inúmeros acidentes. Essa aeronave é a mente humana, e o piloto é o próprio Eu.

Se você entrar num avião de última geração, ficará perplexo com a quantidade de instrumentos de apoio à navegação. Mas de que adianta haver tais instrumentos se o piloto não sabe usá-los? De que adianta o Eu ter recursos para dirigir o psiquismo ou o intelecto humano se durante o processo de formação da personalidade não aprende os conhecimentos básicos desses instrumentos nem desenvolve as mínimas habilidades para operá-los?

Ninguém é tão importante quanto os professores no teatro social, embora a débil sociedade não lhes dê o *status* que merecem. Mas o sistema em que eles estão inseridos é ingênuo e estressante. A educação moderna não forma coletivamente seres humanos que têm consciência de que possuem um Eu, de que esse Eu é construído através de mecanismos sofisticadíssimos, de que esses mecanismos deveriam desenvolver funções vitais nobilíssimas, e de que, sem o desenvolvimento dessas funções, ele poderá estar completamente despreparado para pilotar o aparelho mental. E, por estar despreparado, será conduzido pelas tempestades sociais e pelas crises psíquicas como um barco à deriva, sem leme.

Um Eu malformado terá grandes chances de ser imaturo, ainda que seja um gigante na ciência; sem brilho, ainda que seja socialmente aplaudido; de viver de migalhas de prazer, ainda que tenha dinheiro para comprar o que bem desejar; engessado, ainda que tenha grande potencial criativo.

O que o seu Eu faz com as turbulências emocionais? Deixa-as passar, desvia-se delas ou as enfrenta? Se fôssemos um piloto de avião, a melhor conduta talvez fosse fugir das formações densas de nuvens, mas, como pilotos mentais, essa seria a pior atitude, embora seja a decisão mais frequentemente tomada.

Em primeiro lugar, porque é impossível o Eu fugir de si mesmo. Em segundo, porque, se o Eu exercitar a paciência para deixar as emoções angustiantes se dissiparem espontaneamente e seguir em frente, ele cairá na armadilha da autoilusão. A paciência, tão importante nas relações sociais, é péssima se significar a omissão do Eu em atuar nas crises psíquicas. Apenas aparentemente, elas se dissiparão. Serão arquivadas no córtex cerebral e farão parte das matrizes de nossa personalidade. Em terceiro lugar, porque poderão formar janelas traumáticas com alto poder de atração e agregação. Estudaremos esse assunto com mais calma, mas vale dizer que tais janelas encarceram o Eu e o desestabilizam como gerente da mente humana.

O Eu deveria saber usar instrumentos para o enfrentamento e a reciclagem de suas mazelas emocionais. Mas que tipo de ferramentas ele usa diante dos medos que lhe furtam a tranquilidade? Os medos, ou fobias, vêm e aparentemente vão embora, mas, no fundo, ficam, vão sendo depositados nos bastidores da memória e pouco a pouco vão desertificando o território da emoção. E que tipo de atitude o Eu toma diante do humor depressivo que esmaga o encanto pela existência? E dos estímulos estressantes que nos tira do ponto de equilíbrio? E dos pensamentos antecipatórios, da ansiedade e irritabilidade?

Infelizmente, o Eu é treinado a ficar calado no único lugar em que não se admite ficar quieto. É adestrado para ser submisso no único lugar em que não se admite ser um servo. É aprisionado no único ambiente em que só se é inteligente, saudável e feliz se se for livre.

CAPÍTULO I

O Eu deveria ficar assombrado com a mente humana

EJETADOS PARA O MUNDO EXTERNO

A educação moderna nos ejeta para o mundo externo. Como já expressei e reafirmo, conhecemos átomos que nunca veremos e planetas em que nunca pisaremos, mas não conhecemos minimamente o planeta onde todos os dias andamos, respiramos, existimos e nos acidentamos, o planeta psíquico. Não reflete isso um paradoxo inaceitável? Que tipo de educação é essa e que tipo de Eu queremos formar? Se quisermos formar um Eu lúcido, dosado, coerente, generoso, ousado, precisamos questionar para onde caminha a educação.

O *ranking* dos países que possuem a melhor educação clássica tem estreita relação com o *ranking* da eficiência profissional, mas não tem grande relação com a maturidade do Eu e com o desenvolvimento das suas funções vitais.

Não temos ideia de que, no aparelho mental, um pensamento, por mais tolo que seja, é construído com maior engenhosidade do que um edifício com milhões de tijolos e que demora anos para ser acabado. Exagero? Não. Engenheiros sabem quais tijolos usar para uma construção física, mas o Eu, como engenheiro da psique, não sabe sequer como entrar no córtex cerebral e utilizar os materiais disponíveis para a construção de cadeias de pensamentos.

Um Eu imaturo não perceberá que cor de pele, religião, sexo, cultura e raça jamais servirão de parâmetros para discriminar dois seres humanos com a mesma complexidade psíquica. Um Eu maduro e, portanto, profundo, deveria ficar no mínimo embasbacado com o processo de construção de pensamentos. Mas quem fica? Produzimos pensamentos como se tal tarefa fosse uma banalidade.

Einstein produziu uma das teorias mais complexas da ciência, mas, se vivêssemos em seu tempo e tivéssemos a oportunidade de lhe perguntar como os fenômenos nos bastidores da sua mente conseguiram varrer milhares de vezes as janelas do seu córtex cerebral e costurar as informações para produzir as suas imagens mentais que deram luz aos pressupostos de sua teoria, ele provavelmente não saberia responder. Usamos o pensamento para pensar o mundo, mas se o usarmos para pensar como pensamos, entenderemos que todos somos meninos diante de tão insofismável complexidade.

Entre um paciente portador de uma psicose e Einstein, ou mesmo Freud, há diferenças na rapidez, coerência, síntese, esquema e originalidade do raciocínio. Mas todas essas diferenças estão na superfície da inteligência. Nas profundezas, somos iguais. Como autor de uma teoria sobre essa área, assombro-me diante dessa complexidade e diante da relutância que temos em conhecer nossa essência. Quando estudarmos aqui os mecanismos de formação do Eu, não teremos dúvidas sobre isso.

Agrônomos discutem microelementos para nutrir as plantas, médicos debatem sobre moléculas medicamentosas, economistas discorrem sobre medidas para controlar o fluxo de capitais internacionais, mas não discutimos quase nada sobre como formar o Eu como diretor psíquico. O sistema acadêmico nos prepara para exercer uma profissão e para conhecer e dirigir empresas, cidades ou estados, mas não a nós mesmos. Essa lacuna gerou deficits gritantes na formação do Eu, que, por sua vez, se tornou um dos importantes fatores que fomentaram as falhas históricas do *Homo sapiens*.

Não é loucura um mortal produzir guerras e homicídios? O caos dramático da morte perpetrado na solidão de um túmulo deveria produzir um aporte mínimo de sabedoria para o Eu controlar sua violência, mas não é suficiente. Um Eu infantil, pouco dado a interiorização, postula-se como deus. Não é estupidez um ser humano que morre um pouco a cada dia ter a necessidade neurótica de poder como se fosse eterno? Não é estupidez um homem que não sabe como gerenciar seus próprios pensamentos ter a necessidade ansiosa de controlar os outros?

Não é uma barbaridade querer ser o mais rico, o mais famoso ou o mais eficiente profissional no leito de um hospital? Ninguém quer isso. Mas por que muitos que têm espetacular sucesso social e financeiro, em vez de relaxar e se deleitar, continuam num ritmo alucinado, procurando atingir metas inalcançáveis? Um Eu competente não quer dizer um Eu bem formado. Um Eu malformado pode ser eficientíssimo para o sistema social, mas, simultaneamente, ter uma péssima relação consigo mesmo.

Há pessoas que tiveram pais fascinantes, uma infância maravilhosa e privada de traumas, mas tornaram-se tímidas, pessimistas, mal-humoradas, ansiosas. A base de sua personalidade não justifica sua miserabilidade. Para entendê-las, temos de observar os mecanismos de formação do Eu. E, para que elas superem essa miserabilidade, não adianta tratar uma doença, mas o Eu doente, o Eu como gerente da psique.

A EDUCAÇÃO E OS MECANISMOS DE FORMAÇÃO DO EU

No livro *O Código da Inteligência*, comento sucintamente os papéis do Eu como gestor da emoção e do intelecto. Nesta obra, vamos expandir muito mais essa exposição e, em destaque, vou discorrer sobre os sofisticadíssimos mecanismos conscientes e inconscientes de formação do Eu.

Qualquer motorista tem de passar por um treinamento educacional para se habilitar a dirigir um veículo. A educação do século XXI e do próximo milênio deveria contemplar sistematicamente a educação do Eu como diretor do *script* do nosso psiquismo e como autor de nossa história. Estou falando de muito mais que valores, como ética, cidadania, respeito pelos direitos humanos. Estou enfatizando uma educação que procura formar pensadores.

Podemos não ter doenças clássicas catalogadas pela psiquiatria, como depressão maior, depressão bipolar, TOC (transtornos obsessivos compulsivos), síndrome do pânico, anorexia, bulimia, psicoses, doenças psicossomáticas, ansiedade, mas raramente não desenvolvemos defeitos na estrutura do Eu.

Não é sem razão que 27% dos jovens estão apresentando sintomas depressivos;[1] mais de dois terço deles, 66%, têm sintomas de timidez;[2] 50% das pessoas cedo ou tarde desenvolverão um transtorno psíquico;[3] 90% dos educadores estão com três ou mais sintomas de estresse profissional;[4] 80% das demissões dos executivos não ocorrem por problemas técnicos, mas por dificuldades em lidar com perdas, pressões, desafios e conflitos nas relações com colegas de trabalho;[5] 50% dos pais não dialogam com seus filhos sobre eles mesmos.[6] A maioria dos pais não consegue transferir a eles seu capital intelectual, suas experiências; eles transferem bens e dinheiro. Por isso, não poucos jovens se tornam torradores de herança, vivem à sombra desses pais, não são capazes de construir uma bela história socioprofissional. Também não é sem razão que estamos diante da geração mais frágil.

---

1 Organização Mundial da Saúde (OMS). 2 Instituto Academia da Inteligência. 3 Institute of Social Research da Universidade de Michigan. 4 Instituto Academia da Inteligência. 5 Consultoria Catho. 6 Instituto Academia da Inteligência.

As escolas de ensino fundamental e médio, bem como as universidades, deveriam funcionar como academias de inteligência para o desenvolvimento das habilidades do Eu. Sei que há diversas exceções, mas o pensamento corrente do sistema educacional é: transmita milhões de dados para os alunos sobre o mundo exterior, estimule-os a assimilá-los, incorporá-los e ter bom rendimento intelectual que lá na ponta, quando saírem com um diploma nas mãos, serão atores sociais e profissionais que saberão dirigir bem o aparelho psíquico.

Acreditar nisso equivale a acreditar que é possível pegar vários tipos de tinta e pincel, colocá-los numa máquina e esperar que do outro lado saiam obras-primas, como a *Mona Lisa*, de Da Vinci, *Guernica*, de Picasso, *O Filho Pródigo*, de Rembrandt. Não é possível. Então, como esperar que milhões de informações de matemática, química, física, biologia, história, línguas e das áreas específicas dos cursos universitários, incorporadas durante dez, 15 ou 20 anos no cérebro humano, sejam suficientes para que lá mais adiante o Eu expresse espontaneamente obras-primas da inteligência? Não é possível, pelo menos não de forma coletiva.

As obras-primas da mente humana, como proatividade, flexibilidade, generosidade, solidariedade, adaptabilidade, ousadia, capacidade de libertar o imaginário, raciocínio esquemático, abstração intuitiva, pensar como espécie, colocar-se no lugar dos outros, trabalhar frustrações, desenvolver resiliência, filtrar o estresse, debater ideias e gerenciar a ansiedade, não são apenas sofisticadas, mas também difíceis de ser incorporadas, assimiladas e reproduzidas pelo Eu.

Será que é possível colocar farinha, açúcar, ovos e inúmeros outros ingredientes numa máquina e esperar que do outro lado saiam os mais elaborados pratos franceses, alemães, italianos, brasileiros, japoneses, chineses? É uma afronta a qualquer *chef* de cozinha essa crença. Essa metáfora deveria igualmente chocar os educadores.

A Inteligência Multifocal

A reação dos diretores de faculdade e dos reitores após ouvirem essa explanação foi como uma poesia para mim, deixou-me animado. Eles aplaudiram de pé. Mas não aplaudiram a mim, pois sou apenas um ser humano em construção, aplaudiram a possibilidade de reciclarem seu Eu e de reverem os currículos acadêmicos.

Os currículos que nos ensinam a conhecer o relevo, mas não a geografia de nossas mentes, que nos revelam os segredos das minúsculas células, mas não o processo de desenvolvimento do Eu e as armadilhas psíquicas que podem nos traumatizar e nos encarcerar, precisam ser reinventados. Claro que é fundamental estudar e entender bem o cosmo exterior, mas jamais deveríamos deixar em segundo plano o cosmo psíquico.

Todos os assuntos relativos ao Eu que descreverei nesta obra são pertinentes à teoria da Inteligência Multifocal, que engloba a psicologia multifocal (o funcionamento da mente, o desenvolvimento da personalidade, a construção de pensamentos, a formação do Eu), a sociologia multifocal (o processo de construção das relações sociais), a psicopedagogia multifocal (o processo de aprendizagem e de formação de pensadores), a filosofia multifocal (o processo de interpretação e a lógica do conhecimento). Já há mais de três décadas desenvolvo essa teoria, e a cada dia fico mais fascinado com a mente humana.

Embora seja um eterno aprendiz, alegro-me que a Inteligência Multifocal esteja adentrando os muros das universidades e hoje seja objeto de máster internacional, chancelado por uma universidade americana, e especialização lato sensu em universidades brasileiras. Agora deverá haver doutorado, chancelado por universidade espanhola[1]. É bom saber que alguns alunos estão cursando a pós-graduação não apenas pelo interesse profissional, mas também para investir em sua saúde psíquica e inteligência. Cuidar de nosso futuro emocional e interpessoal é de capital relevância.

É muito mais fácil desenvolver um Eu com "defeitos" estruturais: radical, extremista, robotizado, fóbico, obsessivo, tímido, inseguro, omisso, dissimulador, intolerante, impulsivo, ansioso, hipersensível, insensível, controlador, punitivo, autopunitivo, com necessidade neurótica de poder, de evidência social, de estar sempre certo. Quem não tem alguns desses defeitos, ainda que minimamente? Que psiquiatra, psicólogo, médico não tem avarias em seu arcabouço psíquico? O problema não é tê-las, mas reconhe-

---

[1] Para maiores informações, acesse:
www.psicologiamultifocal.com.br
www.brightminds.net.br
www.projectbrightminds.com

cê-las. A questão não é só reconhecê-las, mas saber o que fazer com elas.

Só se acha perfeito quem nunca se arriscou a sair da superfície. Temos a possibilidade de ficar na superfície ou de entrar em camadas mais profundas da nossa mente. É uma escolha fascinante. Uma coisa é possível afirmar: quem procurar conhecer os mecanismos básicos da formação do Eu terá grande chance de nunca mais ser ou pensar da mesma maneira...

CAPÍTULO 2

As técnicas inadequadas do Eu como gerente psíquico

Quantos pensamentos relativos ao futuro que imprimem dramáticas preocupações, ou sobre o passado que promovem marcantes culpas, são produzidos pela "fábrica" psíquica sem passar pelo controle de qualidade do Eu? Muitos. E quais técnicas o Eu usa normalmente para qualificar os pensamentos e se livrar do lixo psíquico? As mais ineficientes e inadequadas. Não poucos mestres ótimos para ensinar ou psicólogos eficientes para tratar dos outros nem sempre o são para dar um choque de governabilidade em sua mente e se proteger. Seres humanos cordiais com os outros nem sempre o são consigo mesmo. Você é?

As técnicas que o nosso Eu usa frequentemente para administrar a psique e remover o lixo psíquico são as mesmas que os primeiros humanos usavam nos primórdios da civilização, e elas são ineficientes ou de baixo nível de eficácia. Vamos comentar algumas delas.

A - Tentar interromper a construção de pensamentos

É impossível que o Eu interrompa a produção de pensamentos, se desligue, até porque a tentativa já é um pensamento em si. Além disso, o que é de uma engenhosidade sem precedente é que não apenas o Eu é um fenômeno que lê a memória e produz pensamentos numa direção lógica e consciente como também há outros fenômenos inconscientes a serem comentados, como o Gatilho da Memória e o Autofluxo, que produzem cadeias de pensamentos, imagens mentais e fantasias sem a autorização do Eu.

Portanto, a grande tese é: pensar não é uma opção do *Homo sapiens*, mas uma inevitabilidade. Pensar não é apenas um desejo consciente do Eu, mas o fluxo vital da psique.

As técnicas de meditação, de relaxamento ou de psicoterapia ajudam, mas não interrompem o processo construtivo. Mesmo no sono, quando o Eu tira férias, esses fenômenos estão extremamente ativos, criam personagens, ambientes e circunstâncias com altas performances que podem nos fazer sorrir ou nos aterrorizar.

O Gatilho da Memória ou Autochecagem é o primeiro fenômeno que inicia o processo de interpretação. Ele abre as janelas ou áreas de leitura do córtex cerebral a partir de algum estímulo físico, social ou psíquico e produz as primeiras reações, emoções, impressões, pensamentos. Enquanto o leitor está lendo estes textos, ele está detonando milhares de vezes o Gatilho da Memória para abrir as janelas, checar as informações que possui e realizar o processo de assimilação e entendimento. Sem o Gatilho da Memória, o Eu ficaria completamente confuso, desorientado.

Mas o Gatilho da Memória torna-se um problema para o Eu quando ele abre em frações de segundos alguma janela killer ou traumática. Como já comentei em outros livros, essa classe de janelas sequestra ou aprisiona o Eu, produz claustrofobia, fobia social, insegurança, reações impulsivas, angústias, dissimulação, intolerância, radicalismo, individualismo.

De outro lado, o fenômeno do Autofluxo se ancora na janela que o Gatilho abriu e começa a produzir inúmeros pensamentos e imagens mentais com dois grandes objetivos: entreter o *Homo sapiens* através dos sonhos, inspirações, aspirações e prazeres mentais e alargar as fronteiras da memória, pois tudo que ele produz é novamente registrado. O Autofluxo é, portanto, um mordomo para o Eu desde a aurora da vida fetal. E, no "útero social", se torna um ator coadjuvante do Eu para entretê-lo, expandir-lhe a memória e enriquecê-lo.

Mas o fenômeno do Autofluxo pode se tornar um sério problema para o Eu quando o domina ou controla. Pode, por exemplo, fomentar uma mente hiperacelerada e hiperpreocupada, expandindo os níveis de ansiedade. Estudaremos esse assunto quando discutirmos os mecanismos de formação do Eu.

Quantas vezes o Eu não quer pensar numa pessoa que o ofendeu, mas falha em seu intuito? Essa falha ocorre porque o fenômeno do Gatilho da Memória abriu uma janela do córtex cerebral, onde está arquivado o ofensor e sua ofensa. Em seguida, o fenômeno do Autofluxo se ancora nessa janela e constrói milhares de pensamentos e imagens mentais relativos a ela. Se o Eu for ingênuo e permanecer como mero espectador desse processo, ele se alimentará de um "prato psíquico" produzido pelo inconsciente, o qual ele não elaborou e, ainda por cima, detesta. Aqui estão alguns dos mais notáveis segredos do funcionamento da mente humana, que demonstra a "conversa" ou interação do inconsciente com o consciente.

Concluindo, a técnica de interromper o pensamento é uma atitude infantil de um Eu que desconhece o planeta psíquico. O ser humano pode dirigir uma empresa ou uma nação, mas definitivamente não é fácil dirigir o planeta psíquico que, à semelhança do planeta Terra, nunca para de se movimentar, mas com um sério agravante, nem sempre segue a mesma órbita e possui rotas surpreendentes. Não reclame se eu, você ou as pessoas que o rodeiam são imprevisíveis, ilógicas e complicadas. Isso se deve ao complexo e belo aparelho psíquico. O problema são os excessos.

B - Tentar desviar o pensamento ou se distrair

Assistir a um filme quando se está tenso, tirar férias quando se está estressado, sair do clima agressivo quando se está atritando são atitudes que podem aliviar o Eu. Até quando estamos de olhos fechados na cama, assaltados por algum pensamento perturbador, podemos ser aliviados ao abrir os olhos, pois as imagens do ambiente deslocam o território de leitura para outras janelas do córtex cerebral.

Desviar ou tentar se distrair para superar o estresse e os conflitos é a pérola das técnicas populares utilizadas pelo Eu. É a técnica mais usada por chineses, coreanos, russos, europeus, americanos. Mas têm baixo nível de eficiência. Infelizmente, milhões de pessoas que foram vítimas de *bullying* sofreram perdas, traições e rejeições ou atravessaram crises depressivas e ansiosas tentaram usar essa técnica e falharam.

Há pelo menos três complexas causas básicas com diversas subdivisões que justificam essa ineficiência. Para compreendê-las temos de adentrar em algumas áreas que estão no epicentro do funcionamento da mente.

1. As janelas duplo P

A primeira causa da baixa ineficiência da técnica de distração decorre do alto poder de algumas janelas estruturais da personalidade, que chamo janelas killer power ou duplo P. Como o nome indica, elas têm duplo poder: poder de atração do Eu e poder de agregação de novas janelas. O poder de atração é a capacidade de ancoragem ou fixação do Eu numa determinada janela. E o poder de agregação é a capacidade de agregar novas janelas ao redor do seu núcleo, formando plataformas.

Quando há uma janela killer ou traumática solitária, eu a chamo de janela pontual ou puntiforme, mas quando há uma plataforma de janelas chamo de zona de conflito, que financia espontaneamente uma característica da personalidade. As pessoas expressam irritabilidade, impulsividade, afetividade, tolerância, ponderação ou radicalismo porque possuem essas plataformas de janelas. Um trauma para adoecer tem de gerar uma zona de conflito, ter inúmeras janelas ao redor do núcleo de uma janela killer duplo P.

As janelas killer duplo P têm alto poder de ancoragem. Elas ficam no epicentro da memória. Quando o Eu faz um mínimo mergulho introspectivo, ele as encontra em meio a centenas de milhares de janelas. Estudaremos esses sofisticados mecanismos que estão na base do processo de formação da personalidade como um todo, e do Eu em especial. Aqui apenas comentarei que o "poder" de atração dessas janelas tanto do Eu como de outros fenômenos que leem a memória é surpreendente. Parece um buraco negro que atrai com sua altíssima força gravitacional planetas e estrelas que estão ao seu redor.

Veja um exemplo. Um garoto de seis anos foi zombado na escola por um adolescente na frente de outros meninos por ter um pênis pequeno. Perturbou-se, sentiu-se diminuído, humilhado. Vivenciou o fenômeno *bullying*. O fenômeno RAM (registro automático da memória) arquivou de maneira privilegiada a experiência dolorosa como uma janela killer power ou duplo P. Passado certo tempo, nunca mais encontrou seu agressor, mas isso não era necessário para continuar seu adoecimento.

Essa janela sequestrou seu Eu inúmeras vezes, gerando ideias constrangedoras e agregando novas janelas, tornando-se uma zona de conflito. Não conseguia mais urinar próximo de seus colegas. Achava que os outros garotos o estavam observando e o diminuindo. O tempo passou, e toda vez que ia fazer um exame médico, entrar num banheiro de um aeroporto ou de um restaurante, abria justamente a janela duplo P e ficava perturbado. Só conseguia urinar se se isolasse. Até suas relações sexuais perderam a espontaneidade, foram comprometidas.

Lembro-me de um caso interessante e incomum. Uma pessoa comentou que toda vez que ia urinar dava um pulinho. Eu nunca tinha ouvido algo parecido. Pedi que contasse a história da sua infância. Até que chegamos a um ponto em que ambos compreendemos a origem desse comportamento. Quando menino, estava urinando num terreno, aliviando prazerosamente sua bexiga, e, de repente, um cachorro veio por detrás e latiu raivosamente. O menino interrompeu o jato urinário e deu um pulo. Registrou simultaneamente na mesma janela o prazer de urinar, o medo do cão e sua reação. A partir daí, toda vez que ia urinar, penetrava naquela janela e reproduzia o comportamento, dava um pulinho. Isso parece engraçado, e nesse caso não gerou um trauma grave, mas em muitos casos ocorre a formação de extensas áreas de janelas traumáticas que sequestram o Eu, o tornam vítima da sua história e geram graves acidentes psíquicos.

Todas as escolas do mundo deveriam ensinar esses processos aos seus alunos. O Eu deve ter o direito de possuir conhecimento dos mecanismos básicos da sua formação e das emboscadas que podem aprisioná-lo para que desenvolva habilidades a fim de se proteger, amadurecer, se tornar resiliente. Caso contrário, esperaremos as pessoas adoecerem para depois tratá-las. Nada tão injusto.

Aprender a circular no psiquismo humano é tão fundamental quanto aprender a caminhar sobre o solo onde pisamos. Sem saber o que são as janelas duplo P, como o Eu poderá evitar que uma janela solitária se transforme numa zona de conflito? Como reeditará o seu poder de ancoragem ou o seu sequestro? Olhe para sua experiência e verifique se possui janelas duplo P. O que o faz perder o autocontrole? O que lhe causa medo? E o que o deprime ou o deixa ansioso?

2. O REGISTRO NA MEMÓRIA NÃO DEPENDE DO EU

Nos computadores, o Eu tem controle da qualidade do registro das informações. O Eu é um deus da memória deles, ele arquiva o que bem entende. No córtex cerebral, o Eu não tem essa liberdade. O arquivamento não está sob sua responsabilidade, é exercido involuntária e inconscientemente pelo fenômeno RAM de que falamos. Mesmo que você saiba disso pela leitura de outros textos, nunca se esqueça que seu Eu não seleciona o que quer registrar.

Há muitas pessoas, inclusive pesquisadores, que já ouviram falar do fenômeno RAM, mas ainda insistem na técnica errada. Tudo que você ansiosamente evita será arquivado intensamente. Saber disso é fundamental para o Eu operar certas ferramentas e não agir estupidamente. Uma pessoa foi caluniada injustamente. Odiar o caluniador asfixia o hospedeiro, forma janelas duplo P que o escravizarão. Compreendê-lo, considerá-lo imaturo, dar descontos a ele e não gravitar na sua órbita, ainda que o caluniador não mereça, alivia o caluniado, liberta-o, recicla as janelas da memória.

Um Eu maduro dá aos outros o direito de abandoná-lo ou criticá-lo, um Eu imaturo tem ataques de raiva quando isso acontece. Parece herói, mas é um péssimo dirigente da sua psique, vende sua tranquilidade por um preço vil. A que preço você vende sua tranquilidade? Você dá às pessoas o direito de o contrariarem? É extremamente relaxante não ter a necessidade de ser perfeito ou inatacável.

Infelizmente, os alunos ficam anos nas escolas e o Eu deles não aprende as técnicas básicas para promover a liberdade psíquica. Estudam sobre os escravos do passado, as loucuras cometidas por reis que venceram guerras e dominaram com mão de ferro os vencidos ou a insanidade dos senhores de engenho que escravizaram os negros, mas, sem o saber, o Eu deles continua produzindo escravos. Que escravos? Eles mesmos se escravizam no território da emoção.

A cada hora algumas pessoas se suicidam na Terra. A autopunição é uma das formas de cárcere psíquico e está em plena expansão nas sociedades de consumo em que as pessoas vivem marcadamente solitárias. Falamos o trivial, mas não o essencial, sobre nós mesmos. Se o Eu aprendesse a criar pontes com os outros e consigo mesmo, os índices de suicídio despencariam. Se o Eu deixasse de ser passivo e aprendesse a gritar e discordar dos pensamentos perturbadores e das emoções angustiantes, certamente formaria janelas light, que iluminariam suas habilidades e o retirariam da condição de servo.

Um Eu passivo e frágil é pior do que uma grave doença psíquica. Não é recomendável gritar fora de nós, mas é recomendável fazê-lo dentro de nós. Seu Eu é passivo? Sabe virar a mesa diariamente em seu psiquismo ou é submisso?

3. Não é possível anular os arquivos

A terceira causa que mostra a ineficiência da técnica de tentar se distrair quando se está sob um foco de tensão é a impossibilidade de apagar os arquivos da memória. O Eu desconhece os locos das janelas traumáticas porque penetra na "cidade da memória" no escuro, sem mapa ou orientação tempoespacial. Elas estão pulverizadas em múltiplos "bairros" do córtex cerebral.

E mesmo se o Eu soubesse exatamente onde estão arquivados fobias, humor depressivo, apreensões, raivas, timidez, ciúmes, sentimentos de inferioridade, comportamentos autopunitivos, ele não teria ferramentas físicas para apagar os arquivos do córtex. Nos computadores, você apaga o que bem entende, mas, na sua memória, nunca.

Essa falta de ferramenta é tanto uma grave limitação como uma grande proteção. Já pensou se você pudesse apagar as pessoas que o aborrecem? Num momento, seus filhos ou seu parceiro(a) deixariam de participar da sua história, no outro, decepcionado consigo mesmo, você se apagaria, suicidaria sua história, voltaria a ser um bebê. O Eu de nenhum ser humano seria tão maduro para saber usar essa ferramenta.

Muitos intelectuais, desconhecendo o funcionamento da mente e os papéis básicos do Eu, tentam deletar os arquivos da memória. São cultos para atuar no mundo social, mas toscos e frágeis para atuar no mundo psíquico. Lembro-me de um filósofo que pensava que os professores da sua universidade conspiravam contra ele. Seu Eu, no começo de sua doença, queria se livrar das suas ideias paranoicas, extingui-las ou esquecê-las. Passou anos tentando deletar o inapagável. E quanto mais o fazia, mais entrava nas janelas killer, mais seu Eu sentia-se perseguido, mais expandia seu trauma e mais dava crédito às pessoas que falavam dele e engendravam-lhe o mal. Usou uma função inadequada do Eu, adoeceu muito.

Grande parte do esforço que executivos, médicos, psicólogos e pacientes fazem para se livrar dos seus focos de tensão (inimigos, desafetos, dificuldades) não tem grande eficácia. Só enferma mais ainda o Eu, forma janelas duplo P, que os aprisionam e ampliam as zonas de conflito. Colocam, desse modo, mais combustível nos fantasmas que os assombram. Você supera ou nutre os seus "fantasmas"?

Quanto mais uma pessoa que foi traída tenta anular a pessoa que a traiu, mais raiva sentirá e, consequentemente, mais a dor da traição será arquivada no centro de sua memória. Quanto mais uma pessoa tentar esquecer a crise financeira que atravessa, mais penetrará nas janelas que financiam sua hiperpreocupação, mais se perturbará, perderá o sono e descarregará sua ansiedade em seu corpo, gerando sintomas psicossomáticos. Essas defesas do Eu não apenas são ineficientes, mas também aumentam os níveis de estresse.

Nunca tente deletar seus arquivos. Não conseguirá. Não gaste energia tentando esquecer as pessoas que o magoaram. Seu desgaste as tornará inesquecíveis. A melhor técnica, como veremos, é assumir a dor sempre, reciclá-la com maturidade, jamais se colocar como vítima, conversar sem medo com nossos fantasmas, revê-los por outros ângulos e reescrever as janelas onde estão inscritas.

UMA MENTE COMPLICADÍSSIMA

Qual seria sua reação se, ao dirigir seu carro, você virasse à esquerda e ele se movesse para a direita? Ficaríamos completamente aflitos. E se quiséssemos desacelerar o carro e ele, em vez disso, se acelerasse? Talvez entrássemos em pânico. Lembro-me de que uma grande empresa automobilística fez um *recall* com dezenas de milhares de seus carros nos Estados Unidos. O acelerador emperrava, fazendo com que os proprietários não tivessem controle sobre sua velocidade. Uma mulher, ao depor no Congresso americano sobre esse defeito, relatou aos prantos o pavor que sentiu.

Isso, que se acontecesse com um automóvel pareceria mais com um filme de terror, ocorre frequentemente com o veículo da mente humana. Quantas vezes você quer frear ou desacelerar seus pensamentos e não consegue? Quantas vezes queremos negar ou esquecer nossos pensamentos angustiantes, mas nosso Eu se sente impotente?

Não é fácil dirigir a mente humana, ela é muito mais complexa que qualquer empresa, aeronave, computador, máquina que o homem já produziu ou produzirá. É possível ser um executivo altamente eficiente e inovador, que administra milhares de funcionários, que sabe qualificar seus produtos e serviços e que leva sua empresa a ter todos os anos bilhões de dólares de lucro e, ao mesmo tempo, ser um péssimo dirigente da sua mente, ter uma emoção à beira da falência: fatigada, exaurida, instável, lábil, irritadiça, com baixíssimo limiar para a frustração.

CAPÍTULO 3

A definição do Eu e suas funções vitais

Usamos a palavra *eu* cotidianamente sem ter compreensão de sua dimensão, suas habilidades e suas funções vitais. O *Eu* é o centro da personalidade, o líder da psique ou da mente, o desejo consciente, a capacidade de autodeterminação e a identidade fundamental que nos torna seres únicos. Como a definição do Eu é ampla e suas funções ou papéis fundamentais são múltiplos, vou sistematizá-los.

Há pelo menos 20 habilidades vitais que caracterizam o Eu. Não basta o Eu ser saudável, tem também de ser inteligente, precisa desenvolver suas funções fundamentais. Creio que a grande maioria das pessoas de todos os povos e culturas tem menos de 10% dessas funções bem trabalhadas. E talvez eu esteja sendo generoso com essa estatística.

1. Capacidade de autoconhecimento e autoconsciência.
2. Capacidade de escolha e autocrítica.
3. Identidade psíquica e social.
4. Gerenciar os pensamentos.
5. Qualificar os pensamentos e as ideias.
6. Qualificar as imagens mentais e as fantasias.
7. Gerenciar as emoções.
8. Proteger e qualificar as emoções.
9. Reciclar como autor da sua história as influências instintivas e impulsivas da carga genética.
10. Reciclar como autor da sua história as influências doentias do sistema educacional, como preconceitos, radicalismos, fundamentalismos, dogmatismos.
11. Reciclar como autor da sua história os conflitos, perdas, privações e características doentias incorporadas na infância e adolescência.
12. Ser uma fonte gestora da leitura da memória logo após a iniciação do processo de interpretação ser desencadeada pela atuação inconsciente do Gatilho da Memória ou fenômeno da Autochecagem.
13. Ser fonte gestora dos efeitos das janelas killer fortes (duplo P), médias e fracas.
14. Ser fonte construtora consciente das janelas da memória, em especial das saudáveis janelas light duplo P.
15. Reeditar o filme do inconsciente.
16. Gerenciar o fenômeno da psicoadaptação.
17. Gerenciar a lei do menor esforço e do maior esforço.

18. Modular o fenômeno do Autofluxo.

19. Desenvolver sua história psíquica através das funções intelectuais mais complexas, como pensar antes de reagir, resiliência, pensamento abstrato, raciocínio esquemático, arte da observação, da dedução, da indução, da dúvida, de contemplar o belo.

20. Desenvolver a história social através das funções psicossociais mais complexas, como solidariedade, altruísmo, generosidade, cidadania, interação social, trabalho em equipe, debate de ideias, pensar como espécie.

Se uma pessoa tiver um Eu saudável e inteligente, com as funções vitais bem desenvolvidas, terá substancial consciência de si e da complexidade do psiquismo e portanto jamais se inferiorizará ou se colocará acima dos outros. Poderá estar em frente de um presidente ou rei de sua nação que não se sentirá diminuído nem terá impulsos de supervalorizá-lo. Poderá valorizá-lo e respeitá-lo, mas não terá deslumbramento irracional. A maioria dos jovens que se encantam diante de uma personalidade de Hollywood ou de um cantor não tem um Eu maduro, autoconsciente, autocrítico.

Um Eu saudável e inteligente também enxerga que todos os seres humanos são igualmente complexos no processo de construção de pensamentos, embora essa construção tenha diferentes manifestações culturais, profundidade, coerência, sensibilidade. Um Eu inteligente também enxerga a complexidade e a brevidade da existência, sabe que todos somos meninos "brincando" no teatro do tempo, comprando, vendendo, relacionando-se, envoltos num mar de segredos que ultrapassa os limites da compreensão do psiquismo.

Um Eu saudável e inteligente pauta sua agenda social pela flexibilidade, pela capacidade de expor seus pensamentos e nunca impô-los. Tem consciência de que todo radicalismo é fruto de imaturidade e insegurança. Sabe, por exemplo, que quem defende radicalmente suas ideias ou sua religião depõe contra aquilo que crê, não está convencido do que crê, pois se estivesse não precisaria de pressão. Sabe também que quem defende radicalmente o ateísmo é emocionalmente imaturo. Precisa de coação para dar relevância a suas convicções.

Um Eu maduro e autoconsciente não tem a necessidade de controlar o outro. Expõe suas convicções religiosas, políticas, científicas e até esportivas sem medo, mas com brandura e generosidade, dando ao outro o direito de aceitá-las ou rejeitá-las. Sabe que não tem poder de mudar ninguém. O Eu do outro só mudará se ele o permitir, se construir novas janelas.

O FASCINANTE MUNDO DA MENTE HUMANA

Para mim, o processo de construção de pensamentos, formação do Eu e organização da consciência é a fronteira mais complexa da ciência. Quem a estudar e a compreender minimamente terá vontade de conversar com mendigos, doentes mentais, idosos, pessoas humildes, enfim, seres humanos que não chamam a atenção social e a quem ninguém dá importância. Há um universo dentro da mente de cada ser humano.

Mas nosso Eu, viciado em *marketing* de produtos das empresas, não consegue avaliar que os produtos ou "construtos" produzidos pelo mais complexo dos mundos, a nossa mente, são os mais sofisticados e mais importantes do grande "mercado" da existência. Um Eu malformado não tem autoconsciência. Deslumbra-se com as vitrines das lojas, mas não com as vitrines da sua psique. Não percebe que é um ser humano único vivendo uma existência espetacular, apesar das lágrimas e falhas que nos acompanham.

Estamos na era primitiva da compreensão dos mecanismos de formação e das funções vitais do Eu. Você conhece os *fenômenos* produzidos pelo *fenômeno* da psicoadaptação que enredam o Eu? Raramente alguém admite sair sem casaco em um dia frio ou sem protetor solar se vai tomar sol. Mas por que saímos sem proteção emocional nas relações com nossos colegas de trabalho ou com nossos filhos? Ninguém em sã consciência compraria um produto sem verificar o prazo de validade e a qualidade desse. Mas qualificamos nossos pensamentos ou os deixamos soltos?

Muitos não sabem que seu pior inimigo nunca esteve fora de si, mas pode ser seu próprio Eu, que não exerce suas funções vitais, em especial um notável gerenciamento dos pensamentos. A produção incontrolável de pensamentos desgasta excessivamente seu cérebro. Algumas pessoas estão tão fatigadas que não andam, carregam seu corpo.

Qualquer empresa, por menor que seja, precisa de um líder que cuide das finanças e da qualidade dos seus produtos e processos, caso contrário, irá à falência. Mas, por incrível que pareça, a mais importante das empresas, a mente humana, não possui um executivo maduro. Não é sem razão que grande parte das pessoas tem uma série de sintomas psíquicos e psicossomáticos.

Brilhantes pensadores como Sócrates, Platão, Aristóteles, Spinoza, Hegel, Marx, Freud, Jung, Skinner, Piaget, Gardner, usaram o pensamento como matéria-prima para produzir filosofia, o processo de formação da personalidade, o processo de aprendizagem, as ciências sociopolíticas. Mas raramente tiveram a oportunidade de estudar o processo de construção de pensamentos e os papéis vitais do Eu como gerente psíquico. Apesar disso, intuitivamente trabalharam algumas dessas suas funções vitais, libertaram seu imaginário e construíram brilhantes ideias.

Desvendar a "anatomia e a fisiologia" do Eu é importantíssimo para que possamos ser pais melhores, educadores que formam pensadores, profissionais mais eficientes, pesquisadores mais criativos. Potencializaremos nossas habilidades e teremos mais chances de reciclar nossa história:

1. Seremos menos deuses e mais humanos e, como tais, mais conscientes de nossas imperfeições e limitações.

2. Teremos menos necessidade de evidência social e mais necessidade de contemplar as pequenas coisas.

3. Seremos menos assaltados pela necessidade neurótica de poder e mais abarcados pelo prazer de contribuir com os outros.

4. Julgaremos menos, abraçaremos mais e elogiaremos muito mais.

5. Cobraremos menos dos outros e seremos mais tolerantes. Exigiremos menos de nós mesmos sem perder a eficiência e seremos mais românticos conosco.

6. Seremos mais flexíveis e menos radicais.

7. Enclausurar-nos-emos menos e falaremos mais de nós mesmos e de nossos sonhos sem medo de sermos tachados de loucos, insanos ou débeis.

8. Seremos menos vítimas das angústias, fobias e insegurança e mais protetores e promotores do júbilo, da liberdade e do encanto pela vida.

9. Seremos mais ousados e menos escravos do medo de errar.

10. Andaremos por trajetórias jamais percorridas, teremos mais prazer de nos aventurar.

11. Libertaremos mais o imaginário e construiremos mais ideias, seremos mais criativos e proativos. Dançaremos a valsa da existência com a mente desengessada.

12. Pensaremos mais como espécie e como humanidade, menos como grupo social e muito menos ainda como indivíduo.

Paradoxos de um Eu imaturo

Ambientalistas, que não admitem nenhum entulho no meio ambiente, podem violar o meio ambiente de suas mentes e conviver com a poluição de pensamentos angustiantes e emoções devastadoras. Líderes religiosos dosados, serenos, acostumados a cuidar dos outros, podem colocar-se em último lugar na sua própria agenda, tornar-se uma máquina de atividade ou ser vítima de decepções dos seus pares mais íntimos e arquivar janelas killer poderosas que os encarceram. Brilhantes psiquiatras que são eficientes ao tratar seus pacientes podem não o ser ao administrar seus pensamentos, proteger sua emoção e gerenciar seus focos de estresse.

Esses paradoxos sempre fizeram parte do Eu mau estruturado mas, felizmente, o Eu pode e deve reciclar suas mazelas e reescrever as janelas da memória em qualquer época. Estudaremos esse tema. Apenas me antecipo, dizendo que ninguém é obrigado ou está condenado a conviver com seus conflitos, fobias, impulsividade, ansiedade, humor depressivo, pessimismo, comportamento autopunitivo. Mas, para isso, o Eu deve ganhar musculatura, deixar de ser inerte, passivo, frágil, conformista. Como está a musculatura do nosso Eu?

Se o Eu não se estruturar e não desenvolver algumas de suas habilidades fundamentais, poderá viver estes paradoxos:

1. Poderá adoecer, ainda que tenha vivenciado o processo de formação da personalidade sem importantes traumas na infância e na adolescência.

2. Ser um escravo, ainda que viva em sociedades livres.

3. Viver miseravelmente, ainda que seja rico e possa viajar o mundo.

4. Ser frágil e desprotegido, ainda que tenha guarda-costas e faça todo tipo de seguro: casa, vida, empresa.

5. Bloquear a produção de ideias e de respostas inteligentes no ambiente socioprofissional, ainda que tenha um potencial criativo excelente.

6. Ser autodestrutivo, ainda que seja bom para os outros.

7. Poderá causar bloqueios no psiquismo dos seus filhos e alunos, ainda que seja professor bem-intencionado ou pai apaixonado.

8. Poderá destruir seu romance ainda, que proclame que encontrou o parceiro ou a parceira da sua vida.

Quando vemos pessoas inteligentes em ação, como um médico discutindo um diagnóstico, um intelectual expondo uma área do conhecimento, um empresário gerindo pessoas, uma celebridade dando uma entrevista, pode-se ter a falsa impressão de que elas são boas dirigentes da sua psique. Mas o Eu, como piloto, não é seriamente testado sob o clamor dos aplausos ou dos assuntos lógicos.

Ao analisá-lo diante das perdas materiais, decepções, desafios profissionais, críticas, frustrações conjugais, é que vamos aferir os níveis de sua gerenciabilidade. Talvez fiquemos decepcionados nessa análise.

E se nos mapearmos, passaremos nessa análise? Teremos um Eu nobre ao atravessar o caos, que maneja bem a arte da reflexão e não da reação agressiva? Um Eu imaturo enxerga a pequenez dos outros, mas um Eu inteligente enxerga primeiramente a sua própria pequenez. Um Eu imaturo dá as costas para quem o decepciona, um Eu inteligente procura compreendê-lo. Um Eu imaturo se enraivece diante das críticas, um Eu inteligente as agradece e, se possível, as utiliza para crescer. Um Eu imaturo não abre mão das suas convicções, um Eu inteligente é um caçador de novas ideias.

CAPÍTULO 4

A memória genética, central e periférica

A partir deste capítulo entraremos no cerne desta obra, nos mecanismos de construção do Eu. O primeiro deles é a memória. No segundo livro[1], que completará esta obra, continuarei a falar dos mecanismos de construção do Eu e destacarei os vários tipos de Eu doentes ou estressados, como o Eu ansioso, intolerante, dissimulador, radical, tímido, hipersensível, pessimista.

Cada um dos mecanismos que estudaremos nutre o Eu, possui uma série de ferramentas capazes de torná-lo saudável e inteligente. Eles também possuem de maneira evidente ou subliminar uma série de emboscadas ou armadilhas que podem adoecê-lo e contrair sua capacidade de ser autor da sua história. Qualquer avanço na incorporação desse conhecimento poderá ser significativo para nosso futuro psicossocial.

---

1 O Eu estressado – mecanismos de superação.

A memória global, tanto genética como existencial, é a matriz básica para a formação do Eu. Ela é a fonte da grande maioria das construções que o Eu e outros fenômenos inconscientes realizam diariamente no ambiente psíquico: emoções, pensamentos, imagens mentais, ideias, desejos.

A partir da memória é que o Eu exerce sua liderança sobre a psique. Ele tem facilidade de usá-la para construir pensamentos ao seu bel-prazer, mas não o tem para construir emoções. Tente construir um pensamento sobre a "Primavera Árabe" (levante de povos árabes que querem sair do jugo dos seus ditadores) ou o deserto do Saara. Você provavelmente o fará com facilidade. Agora tente produzir uma emoção agradabilíssima nesse momento tal qual o primeiro beijo. Provavelmente não terá grande êxito. Tente dar uma ordem para sua emoção dizendo que de hoje em diante será tranquilo, que não se perturbará com as turbulências da existência. Provavelmente falhará.

Uma pessoa pessimista poderá dizer que não suporta mais seu mau humor, que daqui para sempre será otimista, contemplativa e saturada de prazer. Dificilmente terá êxito com facilidade, ainda que leia todos os livros de autoajuda do mundo e seja um multimilionário que tenha tudo e todos aos seus pés. Frases positivas ou de efeito não mudam a estrutura do Eu, não formam plataformas de janelas que alavancam o processo de formação da personalidade.

Meus livros não são de autoajuda, embora algumas pessoas que não os leram os possam classificar assim. Eles se embasam numa teoria psicossocial que democratiza o acesso a ferramentas para que o Eu possa desenvolver suas funções vitais e ser gestor da sua história. Não há mágica em mudar o psiquismo. A emoção em particular é difícil de ser governada. Nesse aspecto, é democrática. Tanto mendigos como abastados, tanto pacientes depressivos como médicos têm dificuldade de estabilizá-la, gerenciá-la, dominá-la.

E por que o Eu não consegue atuar com eficiência no psiquismo humano? Quais as causas da sua fragilidade? Em que fases do processo de sua formação ele pode encarcerar seu desenvolvimento, desenvolver defeitos estruturais, debilitar-se, tornar-se doente? Eis algumas grandes teses da psicologia e da psiquiatria. Precisamos estudar os mecanismos de formação do Eu em detalhes. Um assunto que, infelizmente, mesmo na formação de psiquiatras e nas escolas de psicologia é pouquíssimo estudado. Os atores coadjuvantes (nossos comportamentos) são estudados em primeiro plano e o Eu, diretor do teatro psíquico, é deixado em segundo plano. Erro crasso.

Os leitores devem ficar atentos, pois, mesmo quando acharem que estou tratando de um assunto que já leram em alguns dos meus livros, a aplicabilidade foi direcionada para outro contexto. Esses mecanismos são tão surpreendentes que preciso lê-los com frequência para não cair ou cair menos nas armadilhas que encerram.

Os três tipos de memória

A memória se divide em três grandes áreas: a memória genética, a memória de uso contínuo ou central (MUC) e a memória existencial ou periférica (ME).

Tanto a MUC como a ME são memórias existenciais, adquiridas através das experiências psíquicas vivenciadas desde a aurora da vida fetal. Mas as diferencio porque a MUC, como memória de uso contínuo, é a fonte de matérias-primas para se ler, escrever, falar, pensar, interpretar, enfim, realizar atividades intelectuais e emocionais diárias e contínuas. A ME, por sua vez, representa todos os bilhões de experiências que foram arquivadas ao longo da história de cada ser humano.

Vou usar uma metáfora, a de uma cidade, para explicar os três grandes tipos de memória e como ocorrem a coexistência e a cointerferência entre elas, como se comunicam ou dançam juntas a valsa do desenvolvimento da personalidade e da formação do Eu.

Nessa metáfora, a memória genética representa o solo da cidade (a estrutura física do córtex cerebral e o metabolismo). Tudo que foi edificado no centro da cidade será a MUC, e a imensa periferia será a ME.

Vamos comentar primeiro a memória genética. Herdada dos nossos pais biológicos, a partir da união do espermatozoide com o óvulo, a carga genética é única para cada ser humano, tanto na construção do biótipo, expresso pelo tamanho, forma, peso, altura, cor da pele, como na construção da complexa fisiologia, expressa, entre outros elementos, pelo metabolismo, hormônios, neurotransmissores cerebrais (serotonina, adrenalina, noradrenalina, acetilcolina e outros), anticorpos, etc.

A memória genética também é única para o comportamento. Em especial através dos neurotransmissores cerebrais e do metabolismo no interior dos neurônios, ela produz pelo menos 11 grandes características que influenciam o processo de formação da personalidade e, consequentemente, de desenvolvimento do Eu:

1. níveis de reatividade aos estímulos estressantes;
2. níveis de sensibilidade nas relações sociais;
3. limiar de suportabilidade à dor física e emocional;
4. pulsações ansiosas;
5. manifestações instintivas: sede, fome, libido;
6. capacidade de armazenamento de informações no córtex cerebral;
7. dimensão da área que fará parte da ME;
8. dimensão da área que fará parte da MUC;
9. quantidade e qualidade das redes entre os neurônios;
10. quantidade e qualidade das conexões entre as janelas da memória;
11. qualidade da receptividade de arquivamento das informações pelo fenômeno RAM.

Já se foi o tempo em que ser gênio significava ter uma excelente memória, uma capacidade de armazenamento espetacular. Hoje, qualquer computador medíocre tem melhor capacidade que esse tipo de gênio. Já se foi o tempo em que para ter sucesso profissional bastava recitar e reproduzir informações. Também já se foi o tempo em que para construir um grande romance bastava ser gentil e trazer flores. Hoje são necessárias outras habilidades assimiladas e armazenadas na MUC e na ME para se ter sucesso emocional, afetivo, social, profissional, científico.

Mas não há dúvidas de que a influência genética pode ser marcante. Cada uma das características genéticas para o comportamento pode produzir uma reação em cadeia que influenciará o processo de interpretação e as experiências emocionais do feto, do bebê, da criança, do adolescente e do adulto. O solo e o clima da cidade da memória, ou seja, a carga genética, influenciam os alicerces, a estrutura, o padrão de segurança e a acessibilidade de casas e edifícios que representam as informações e experiências arquivadas na MUC e ME ao longo da existência.

O centro e a periferia da memória

Na metáfora da cidade, a MUC, ou memória consciente, ou central, representa as ruas, avenidas, lojas, farmácias, supermercados, local de trabalho, teatro, que o Eu frequenta rotineiramente. A MUC representa talvez menos de 1% de toda a memória, mas ela é a memória de uso contínuo, constante. Se você mora numa cidade grande, note que circula apenas num pequeno espaço. Grande parte das ruas, farmácias, lojas não faz parte da sua rotina.

Todos os dias eu e você acessamos as informações da MUC para desenvolver e dar respostas sociais, tarefas profissionais, comunicação, localização tempoespacial, operações matemáticas usuais. Para assimilar as palavras deste livro, você está usando grande parte das informações da MUC. Os elementos da língua corrente estão no centro da memória. Se você sabe outra língua, mas faz anos ou décadas que não a fala, terá dificuldade de acessá-la porque as informações referentes a ela foram para a periferia, para a ME. Com o tempo, ao exercitar a língua, você trará os elementos dessa língua novamente para o centro, para a MUC, e terá fluência.

Todos os dados e experiências novas são arquivados na MUC através, como vimos, do fenômeno RAM. O fenômeno RAM atua essencialmente na MUC, na região central do córtex cerebral. Por região central quero dizer o centro de utilização e resgate de matérias-primas para a construção de pensamentos, e não o centro anatômico do córtex cerebral.

Certa vez, um pai e um filho tinham um belíssimo relacionamento. Trabalhavam e se divertiam juntos. Eram dois grandes amigos. O pai, infelizmente, teve um tumor na cabeça do pâncreas e logo veio a falecer. O filho, ficou perturbadíssimo. Desenvolveu uma depressão reativa frente à perda. Perdeu pouco a pouco o encanto pela vida, o prazer de trabalhar, a motivação para criar. Quanto mais se angustiava pela ausência do pai, mais produzia janelas com alto poder de atração, que, consequentemente, agregavam novas janelas traumáticas. Adoeceu.

Ao me procurar, expliquei-lhe esse mecanismo. Falei-lhe da masmorra das janelas duplo P construída no epicentro da MUC. E disse que seu Eu deveria sair da passividade e ser proativo. Deveria usar a perda não para se mutilar, mas para proclamar diária e continuamente que honrará a bela história que teve com seu pai, que por amor a ele seria mais feliz, ousado e determinado. Superou-se.

Um Eu lúcido, que se torna autor da sua história, não enfia a cabeça debaixo do tapete das suas crises. Ele gerencia seus pensamentos e torna-se um excelente construtor de janelas light no centro da sua memória. Produz sua liberdade. Pais que perderam seus filhos, em vez de se sentirem os mais infelizes dos seres humanos, deveriam honrar a história que viveram com eles. A dor pode ser indecifrável, mesmo para os mais experientes psiquiatras, mas o Eu pode reescrever o centro da sua história, pode voltar a se tornar um sonhador, pode construir um jardim depois do mais cáustico inverno.

A ME, ou memória existencial ou inconsciente, representa todos os extensos bairros periféricos edificados no córtex cerebral desde os primórdios da vida. São regiões do inconsciente ou subconsciente que o Eu e outros fenômenos que constroem cadeias de pensamentos não utilizam frequentemente. Mas tais regiões não deixam, em hipótese alguma, de nos influenciar.

Fobias, humor depressivo, ansiedade, reações impulsivas, inseguranças, que não sabemos de onde vêm ou por que vieram, foram emanadas da ME. A solidão do entardecer ou do domingo à tarde, a angústia que surge ao amanhecer ou a alegria que aparece sem nenhum motivo aparente também vêm dessas regiões.

Uma pessoa que você nunca viu na frente mas que lhe parece familiar, um ambiente onde você nunca esteve mas que jura que conhece emanam dos imensos solos da ME. Há milhares de personagens e ambientes semelhantes na periferia inconsciente que não são acessados pelo Eu. Quando fazemos uma varredura nessas áreas e resgatamos essas imagens, construímos complexas composições que parecem identificar pessoas e ambientes desconhecidos. Não há nada de supersticioso nesse processo, embora o Eu tenha uma tendência, uma atração pela superstição e pelo sobrenatural.

Sepultando pessoas "vivas" e queridas

Quem forma a ME é a MUC. Todas as experiências adquiridas pelo feto, bebê, criança, adulto, e que deixam de ser utilizadas de maneira diretiva e constante aos poucos são deslocadas da MUC para a ME, do consciente para as áreas isoladas. Bons amigos, se não forem cultivados, vão para o baú da ME. Por vivermos numa sociedade ansiosa, tornamo-nos especialistas em sepultar pessoas "vivas" muito caras a nós.

Há filhos que sepultam seus pais em sua memória. Quase não os visitam e, quando o fazem, nunca perguntam sobre as aventuras e lágrimas deles. Colocam-nos na periferia do seu psiquismo. Embora haja aqueles que estão sempre presentes, há pais separados que sepultam os filhos. Raramente os visitam e, quando o fazem, não penetram no mundo deles. Por inacreditável que pareça, também há muitos pais que, mesmo vivendo com seus filhos, os sepultam, mas, claro, não nas regiões inconscientes da ME, pois diariamente os veem, mas nas regiões escarpadas da MUC. Dividem a mesma casa, mas estão muitíssimo distantes uns dos outros. Não sabem chorar, se aventurar ou sonhar juntos.

Enquanto estava escrevendo este texto, minha filha Cláudia, a mais nova, sempre muito amorosa, entrou em meu escritório e me deu um beijo prolongado na face. Interrompeu meu texto e disse que seu beijo iria me inspirar. Em seguida, pediu que almoçasse com ela, mas eu estava num emaranhado de ideias. Disse-lhe que logo iria. Passados alguns minutos, ela, sentada à mesa, bradou para eu me apressar. Toda vez que escrevo, fico completamente concentrado e absorto. Rapidamente encerrei essas palavras e fui ter com ela. Afinal de contas, ela é preciosa demais para mim e sei que é muito fácil um pai superocupado enterrar seus filhos nos escombros de suas atividades.

Há casais que se tornaram máquinas de trabalhar, sepultam o que jamais imaginariam que um dia enterrariam: o romance. Prometeram que na saúde e na doença, na fortuna e na miséria se amariam, mas se esqueceram de prometer que no excesso de trabalho também o fariam. Cito uma série de acidentes entre casais no livro *Mulheres inteligentes, relações saudáveis*.

A ME se torna também um cemitério dos sonhos. Adiamos projetos, esquecemos aquilo que nos toca e nos motiva. Quem você sepultou? Quem você precisa resgatar e trazer de volta para o centro da sua memória, a MUC? Que sonhos precisam ser reanimados? Eu preciso rever minha história. Deixei pessoas caras pelo caminho, principalmente amigos, mesmo jamais querendo abandoná-las. O excesso de ocupações sempre conspira contra as relações que nós mais amamos.

Mecanismos de interação

Onde estão as apreensões e os prazeres que vivenciamos no desenvolvimento fetal? Estiveram na MUC, no consciente, hoje se localizam na ME, no inconsciente. Onde estão as aventuras, os medos, os riscos, as travessuras dos bebês e das crianças na primeira infância? Também se deslocaram da MUC para a ME. Existe uma enorme dança ou um deslocamento da MUC para a ME e vice-versa.

Um exemplo. Uma professora atirou a prova de um aluno no chão por ele ter errado todos os dados. Ela errou muitíssimo. O *bullying* na relação professor-aluno, pelas enormes diferenças de poder, traz consequências gravíssimas. Em vez de exaltar seu potencial, sua ousadia de escrever, ela o humilhou, plantou uma janela killer duplo P na MUC dele. O Eu do garoto leu e releu a atitude da professora constantemente e arquivou novas janelas, formando uma zona de conflito.

Os anos se passaram e nunca mais lhe foi confortável fazer uma prova. Diante delas, acessava a zona killer, que produzia alto volume de tensão, que estressava seu cérebro, levava-o a ter taquicardia e a suar frio e, pior ainda, bloqueava o acesso às janelas que continham as informações que aprendera. Chorou sem derramar lágrimas. Tinha de estudar o dobro dos seus colegas para ter um desempenho intelectual mínimo. Pagou um preço altíssimo. Muitos pensadores morreram no sistema escolar.

Formou-se na faculdade e logo conseguiu um emprego. Aparentemente não se lembrava mais do seu conflito, mas este não desapareceu. Deslocou-se da MUC para o inconsciente, a ME. Sem que seu Eu tivesse consciência, essa zona de conflito passou a interferir na dinâmica do processo de interpretação. Tornou-se gerente, mas não sabia gerir pessoas. Não suportava ser contrariado e sempre reagia desproporcionalmente. Uma crítica tinha um impacto enorme. Não administrava sua impulsividade. Pautava suas relações pelo binômio bateu-levou. Seu Eu reagia sem pensar, não tinha ginga, flexibilidade.

Certo dia, escreveu um plano de negócios de que o presidente da empresa não gostou. Embora gostasse de seu gerente, esse presidente pegou o documento e na frente de outros gerentes o atirou sobre a mesa e, sem que tivesse a intenção, os papéis foram parar no chão. O Eu dele não se interiorizou e desenvolveu um silêncio proativo, não foi capaz de gritar dentro de si "Agora é que vou fazer o melhor plano de negócio. Agora vou dar tudo de mim para surpreender meu presidente e os outros colegas". Mas não foi essa a sua atitude.

Ficou refém do seu passado. Detonou o Gatilho da sua memória, que abriu a zona de conflito da sua infância, onde estava a atitude grosseira da professora. Trouxe seu conflito dos solos da ME para o centro da MUC. Sentindo-se aviltado, diminuído, perdeu o autocontrole. Levantou a voz e ofendeu o presidente. Perdeu o emprego.

As experiências com altos impactos dolorosos, como privação prolongada da mãe ou do responsável, rejeições, abusos, humilhação social, podem gerar janelas poderosas, que estruturam a personalidade. Mas como a construção da MUC é dinâmica, elas podem se deslocar para a periferia, para as regiões inconscientes (ME), mas não se despedem jamais do hospedeiro, a não ser que sejam reeditadas.

Sabe aquelas pessoas calmas que juramos que nunca perderão a paciência mas que, de repente, por um estímulo estressante, se descontrolam, perdem a serenidade? Elas tinham janelas traumáticas na ME em áreas de difícil acesso e que não foram reeditadas. Há um lado bom nessa história. Há algumas janelas na ME que não nos perturbam muito, são solitárias, não chegaram a formar zonas de conflitos, por isso só eclodem em situações especiais. Felizmente, a MUC tem preponderância na construção de pensamentos e emoções. É uma proteção não plena, mas, sem dúvida, importante.

As janelas que formaram zonas de conflitos, "bairros" com centenas de janelas killer, ainda que não sejam resgatadas conscientemente, fornecem matérias-primas para o mau humor, preocupações descabidas, medos inexplicáveis, irritabilidade, timidez, obsessões, transtornos sexuais.

Uma pessoa portadora do mal de Alzheimer se lembra muito mais do passado do que do presente. Por quê? Porque a quantidade de informações na ME é muitíssimo maior do que na MUC. E também porque essas informações foram arquivadas de múltiplas formas e em diversas áreas ou janelas do córtex cerebral. Os dados da ME não foram apagados com o passar da idade, apenas estavam sublimados pelo acesso fácil à MUC. A degeneração cerebral atinge mais facilmente a ME, mas não é percebida, devido à sua grande extensão no córtex cerebral. É mais difícil ela atingir a MUC, pois, como eu disse, talvez seja menos do que 1% de toda a memória. Mas, quando atinge o Eu, este fica confuso, desorientado, perde os parâmetros de realidade, a autoconsciência e a capacidade de identificar as pessoas que o rodeiam.

A técnica da *teatralização da emoção* pode ser muito útil. É fundamental elogiar, valorizar e teatralizar com palmas e gestos o sucesso de uma pessoa com comprometimento cerebral em responder e reagir, para que seu Eu forme tanto quanto possível uma nova MUC ou seja mais eficiente em encontrar os endereços na cidade da memória que atravessou o terremoto de uma degeneração cerebral, tumor ou acidente vascular. Essa técnica provoca o fenômeno RAM para formar novas janelas, resgata a autoestima do Eu como piloto da psique e pode até prevenir depressão.

A CARGA GENÉTICA E O FETO

Em que estágio o ser humano deixa de ser vítima exclusiva da carga genética e começa a desenhar a sua história? A resposta é difícil. A partir da fecundação, se todos os cromossomos estiverem preservados, há uma carga genética para construir um ser humano completo. Mas é a partir do primeiro trimestre de desenvolvimento embrionário que o ser humano como fenômeno genético começa a perder espaço para se tornar um humano como fenômeno existencial. O fenômeno existencial se inicia a partir da concepção, mas é no final do primeiro trimestre, quando o cérebro razoavelmente formado é um solo capaz de receber registros, que esse fenômeno se acelera.

É nesse período de iniciação da fase fetal que a MUC começa a receber os estímulos existenciais e arquivar rápida e intensamente as experiências advindas da contração da parede uterina, da viscosidade do líquido amniótico, do estresse da mãe, dos malabarismos fetais. Tudo é registrado automática e involuntariamente pelo fenômeno RAM na memória central ou MUC, mas ainda não é a memória consciente, pois o Eu ainda não está formado. É um simples, mas espetacular começo.

Inúmeras experiências são vivenciadas no útero materno. Tudo que não é acessado na MUC é deslocado para a formação da ME. Quando a criança nasce, talvez já tenha milhares de janelas com milhões de experiências nas duas grandes memórias existenciais. Mas devemos lembrar que os fatores genéticos, como o grau de suportabilidade à dor, à sensibilidade e às pulsações ansiosas do feto interferem na maneira como ele interpreta os estímulos dentro do útero materno e os arquiva.

Na infância, juventude e vida adulta, a carga genética continuará influenciando a construção de experiências. Mas se o ambiente educacional estimular as funções complexas da inteligência, se o processo de formação da personalidade for saudável e se o Eu for bem construído como gerente da psique, a carga genética não terá prevalência, ainda que os pais tenham transtornos psiquiátricos de fundo genético.

Não há condenação genética em psiquiatria. Essa é minha convicção. Pais portadores de depressão, obsessão, psicoses, psicopatias não condenam seus filhos a reproduzirem a mesma história psiquiátrica, embora possam influenciar seu desenvolvimento. Há mais mistérios entre a influência e a determinação genética do que imaginam a nossa frágil psiquiatria e psicologia preventiva.

Os maiores erros da psiquiatria e psicologia clínica foram investir mais de um século em tratamentos, mas pouquíssimo em mecanismos preventivos. Esperar o ser humano adoecer para depois tratá-lo é financeiramente caro e emocionalmente injusto. E não há como falar em prevenção psicológica sem passar pelos mecanismos de formação do Eu como gestor psíquico, qualificador dos pensamentos, protetor da emoção, gerente do fenômeno da psicoadaptação, filtrador de estímulos estressantes, editor e reeditor das janelas da memória.

A prevenção, que é a estrela da medicina biológica, sempre foi colocada em segundo plano pela medicina psicológica. Com muita humildade, digo que em todos os meus textos, inclusive em meus romances, faço um esforço intenso para produzir ferramentas preventivas. Até mesmo quando abordo conflitos entre professor e alunos, crise na formação de pensadores, a formação de psicopatas, estou procurando fornecer ferramentas preventivas. O que me move não é fama, que é tosca, débil e volátil, mas a contribuição, ainda que mínima, para a humanidade.

Fico felicíssimo com mensagens frequentes que recebo de pessoas que reciclaram seus conflitos, que estavam à beira do suicídio ou já tinham praticado diversos atos suicidas e aprenderam a estruturar seu Eu como gerente da sua psique. Livros jamais devem substituir o processo psicoterapêutico e psiquiátrico quando estes forem necessários. Mas é fascinante descobrirmos que o Eu pode e deve usar ferramentas para deixar de ser vítima e se estruturar como protagonista da sua história.

A EDUCAÇÃO SE INICIA NO ÚTERO MATERNO

Toda vez que um feto ou um bebê vivencia uma experiência existencial, como tocar o palato com seus dedos e ter prazer oral, o fenômeno RAM forma uma nova janela ou expande uma anterior.

Imagine um pai que acabou de atritar com a mãe grávida. Subitamente, o útero materno se contrai. O bebê sofrerá um impacto. Poderá sentir um desconforto pelo corte súbito de prazer gerado pela contração da musculatura uterina ou por uma descarga de metabólicos estressantes que atravessou a barreira placentária.

Os educadores devem ter consciência de que a educação não se inicia no útero familiar ou escolar, mas no útero materno. A mãe, em destaque, deve ter consciência de que precisa preparar um ambiente saudável e estável durante a gravidez para que o fenômeno RAM do bebê forme um grupo de janelas na MUC que subsidiará uma emoção tranquila, serena, sem grandes pulsações ansiosas.

Citarei 12 atitudes pedagógicas das mães que podem contribuir para o desenvolvimento fetal saudável e que refletirão no desenvolvimento da criança após o nascimento:

1. *Nutrir-se bem.*
2. *Dormir bem, no mínimo oito horas.*
3. *Não fumar, nem tomar bebidas alcoólicas ou usar outras drogas psicotrópicas.*
4. *Preservar-se de estímulos estressantes.* A mãe não deveria entrar em disputas, atritos familiares, con-

frontos sociais. Deveria evitar ao máximo as brigas e discussões com o parceiro.

5. *Acariciar a barriga com frequência, como se estivesse acariciando o bebê em formação.*

6. *Cantar diariamente para o feto.* O prazer e a tranquilidade da mãe são passadas de diversas formas para o feto, desde a pressão do líquido amniótico e a contração da parede do útero até as substâncias que atravessam a barreira placentária. A mãe deveria continuar a cantar para o bebê depois do nascimento e ao longo dos anos. A música desacelera a agitação mental. Ensinar as crianças a cantar e desfrutar do universo das artes pode ser muito importante para a formação de um Eu tranquilo.

7. *Conversar com frequência com o bebê.* Ainda que o feto não entenda a mensagem intelectual, ele sentirá a mensagem emocional da mãe. Após o nascimento, a mãe, bem como o pai ou responsáveis deveriam construir uma pauta de diálogo frequente. Mas, infelizmente, muitos pais só falam com seus filhos quando estes ainda não sabem falar. Depois que esses aprendem, eles se calam. O diálogo aberto é uma excelente matéria-prima para a formação de janelas e pontes saudáveis no relacionamento.

8. *Passear por jardins, cultivar plantas, sentir o perfume das flores e contemplar o belo.* É fundamental que, durante a gravidez, a mãe tenha atividades que excitem sua emoção e desacelerem sua ansiedade. Os pais ou responsáveis deveriam também estimular as

crianças e os pré-adolescentes a descobrir o prazer nas pequenas coisas. Desse modo, o fenômeno RAM formará plataformas de janelas light na MUC que se deslocarão para a ME.

O resultado desse processo é um financiamento espontâneo do bom humor, capacidade de se alegrar, contentar, satisfazer. Nunca se esqueça de que um Eu rico não é o que tem muitos bens materiais, mas o que tem notável prazer nas coisas mínimas.

9. *Desenhar, pintar, reunir-se com amigos, contar histórias, fazer atividades lúdicas e tranquilizadoras que induzam à introspecção.* É fundamental que as mães durante a gravidez façam atividades que estimulem a arte da observação, interiorização, relaxamento, imaginação e o pensamento abstrato. As crianças a partir do segundo ou terceiro ano também deveriam treinar sua emoção com esses exercícios.

10. *Fazer planos para o bebê e construir sonhos saudáveis.* A mãe deve fazer planos para o filho, libertar seu imaginário para estimular sua emoção. O Eu das crianças também deve aprender a construir sonhos e saber que sonhos não são desejos superficiais ou consumistas, mas projetos de vida.

11. *Não se submeter ao cárcere dos pensamentos pessimistas e mórbidos.* Durante a gravidez, a mãe deve cuidar não apenas do meio ambiente social, mas também do meio ambiente de sua mente, pois ele interfere no meio ambiente uterino. O Eu das grávidas não deve ser passivo, subserviente, permissivo em

seu psiquismo. Deve ser forte e gerenciador. Impugnar seus pensamentos perturbadores e discordar de tudo que a controla e asfixia sua tranquilidade.

12. *Realçar a autoestima, sentir-se privilegiada, intensamente bela, e não deformada.* É fundamental que as mães sintam-se bonitas, belas, encantadoras. Deveriam até proclamar-se assim. Para isso, é igualmente fundamental que aceitem as mudanças no seu corpo não como uma deformação que esmaga sua autoestima, mas como um presente de inigualável prazer. A depressão pós-parto não decorre apenas de alterações metabólicas da mãe, mas da autoagressão e autopunição que ela impõe a si mesma durante a gravidez.

Quando vemos bebês nos dias e semanas que se seguem ao nascimento agitados, irritadiços, insones, ficamos atônitos sem saber as causas. O parto foi bem, a criança chorou ao nascer, mas, infelizmente, a mãe não realizou práticas pedagógicas adequadas. Claro que fatores genéticos, fisiológicos, metabólicos ou até existenciais, além do controle da mãe, podem ter contribuído para desenvolver esse comportamento. Mas jamais devemos esquecer que mães tensas, pessimistas, irritadiças, inseguras, cobradoras, ciumentas, com baixa autoestima, produzem uma série de estímulos que estressam seus bebês.

Crianças prematuras costumam, em tese, ser mais agitadas que a média dos outros bebês, pois a gravidez foi interrompida no pico das atividades, quando a criança estava se movimentando prazerosamente na piscina de líquido amniótico. Não conseguiu se encaixar no colo uterino e aquietar seus movimentos no último mês de gravidez. Não conseguiu, portanto, se psicoadaptar, se preparar para o ambiente agressivo do meio externo.

O COMPLEXO DESPERTAR DO EU

Na formação da memória do feto, o centro vai para a periferia da cidade da memória, e a periferia volta ao centro. Uma contração uterina súbita num momento em que a mãe discutiu fortemente com seu parceiro foi arquivada na MUC do feto. Mas, se essa contração não for mais reproduzida, poderá ir para a ME. Todavia, semanas ou meses depois, se a crise materna se repetir, o feto poderá detonar o Gatilho da Memória, resgatá-la e trazê-la novamente para a MUC. Poderá ter um impacto emocional maior (medo, apreensão, insegurança) nessa segunda vez, pois dilatou o processo de interpretação. Formando, assim, janelas estruturais da personalidade.

O feto produz pensamentos, mas não tem consciência de que pensa, não tem autoconsciência, embora já seja uma mente complexa. Seus pensamentos ainda não têm grande complexidade dialética e antidialética, não possui abstração e reflexão, como estudaremos no próximo mecanismo de formação do Eu. O Eu se organizará como ser autoconsciente no útero social, após assimilar, arquivar e utilizar bilhões de informações.

A dança dos fenômenos inconscientes que leem a memória, em destaque o fenômeno do Gatilho da Memória e o Autofluxo, e a dança das janelas entre a MUC e a ME no feto e depois no bebê e na criança propiciará um espetáculo cada vez mais complexo da construção de pensamentos e imagens mentais, acelerando a estruturação do Eu. Precisaria de centenas de páginas para entrar em todos os textos inéditos dessa área contidos na teoria da Inteligência Multifocal.

Em síntese, o feto, depois o bebê e, posteriormente, a criança expandem a MUC e a ME num processo contínuo e incontrolável. As janelas serão lidas e relidas formando pouco a pouco pensamentos que darão voz às necessidades instintivas (sede, fome), às necessidades afetivas (abraço, segurança, proteção, interações). Aos poucos surgem a racionalidade mais complexa pautada pelas ideias, opiniões, compreensão, autoconhecimento, diálogos e autodiálogos.

O bebê começa a dar respostas aos pais e a todos os estímulos ao redor, em especial pela ação do Gatilho da Memória. Sorri, brinca, faz festa, chora, se irrita. Um dos fenômenos mais belos do psiquismo humano e que demonstra o aceleramento da construção do Eu é a utilização tempoespacial dos símbolos verbais para expressar a intencionalidade, uma ação ou vontade. É seu grande despertar.

Não é o uso correto do tempo verbal que faz do Eu um brilhante engenheiro psíquico, mas sua ousadia de considerar que a palavra expressará seus desejos, também é sua habilidade fenomenal de exercer a leitura multifocal das janelas e manipular dados subjacentes para expressar uma intenção e crer que o outro (pai, mãe ou responsável) o compreenderá. É preciso para isso uma "fé" ou crença que nem os religiosos mais ardentes já tiveram. A habilidade do Eu de penetrar no escuro da mais complexa "cidade", a cidade da memória, encontrar endereços, e acreditar que de fato os encontrou, usar símbolos linguísticos, e acreditar que os está usando adequadamente, para se expressar e se fazer entender, é surpreendente...

Tente encontrar objetos na sua casa quando a energia elétrica acabar. Será uma tarefa difícil. Agora, tente encontrá-los em endereços na periferia da cidade. Não conseguirá. Mas o Eu encontra tais endereços no insondável psiquismo sem esbarrar em nada e tem certeza de que os encontrou. Qualquer linguista que estudar o processo de construção de pensamentos nessa perspectiva ficará embasbacado.

O adolescente e o adulto realizarão essas notáveis tarefas milhares de vezes por dia, mas, como estamos drogados pela sociedade de consumo e asfixiados por uma existência superficial e ansiosa, não conseguimos nos encantar com a engenhosidade do nosso Eu. Não é sem razão que a autoestima e o prazer estão em níveis baixíssimos na atualidade. Nunca tivemos uma geração tão infeliz tendo uma indústria tão poderosa para excitar a emoção.

Para uma criança expressar para sua mãe, ainda que com a fonação truncada, que quer água, inúmeros fenômenos conscientes e inconscientes entram em ação. Não foi apenas uma informação ou um ensinamento superficial que contribuiu para a construção desse pensamento, mas milhares de dados existentes em diversas janelas na MUC.

Veja algumas das complexas etapas em jogo. A sede, a consciência da sede, a convicção de que a sede emana da criança, a intencionalidade da ação com objetivo de satisfação, a focalização do agente (a mãe) para quem a intencionalidade é dirigida, a expectativa de receptividade e recompensa. Em todas essas etapas, inúmeras, janelas são abertas e lidas para confeccionar múltiplas cadeias de pensamentos.

A criança sacia sua sede de água, e seu Eu sacia sua sede de nutrientes intelectuais, emocionais e sociais, pois novas janelas serão formadas durante todo o processo de construção da ação e do mecanismo de recompensa.

Algumas cadeias de pensamentos produzidas em todo o processo não serão verbalizadas. Não ganharão sonoridade, por exemplo, os pensamentos que financiam a consciência da sede, a convicção de que a sede é pertinente à criança, a focalização do agente, a expectativa da receptividade. Esses pensamentos são extremamente complexos, chamo-os de pensamentos antidialéticos (imagens mentais). O que ganhará sonoridade será o pensamento dialético "mamãe, eu quero água", que é o menos sofisticado dos pensamentos.

Estudaremos isso. Mas é bom que saibamos que tudo que ouvimos dos outros ou tudo que falamos pertence à classe dos pensamentos mais "pobres" e restritivos. Os mais complexos ficam no silêncio do psiquismo. Quando tentamos expressá-los, temos dificuldade de nos fazer entender. Daí a expressão "você não me entende".

O COMPORTAMENTO DOS BEBÊS

O bebê nasce num ambiente altamente estressante por mais cuidado que se tenha. Logo nos primeiros momentos de vida, a história intrauterina adquirida pelo bebê afetará sua interpretação das mãos indelicadas dos médicos, dos cobertores ásperos dos berços, dos estímulos sonoros e visuais agressivos, da dor do instinto da fome, da fermentação dos alimentos no intestino.

O útero social será sempre mais agressivo do que o útero materno, mas é nesse útero que o Eu deve se formar, se adaptar, crescer e deixar de ser vítima. É provável que a maior fonte de estresse que ele enfrentará não venha das frustrações e dificuldades que normalmente terá de lidar, mas dessa sociedade agitada e ansiosa em que vivemos. A sociedade dos excessos.

Submeter as crianças a um excesso de informação e de atividade é quase um "crime" contra a formação de um Eu saudável. As crianças da atualidade são superespertas, têm atitudes, respostas e reações que as fazem parecer verdadeiros gênios. Seus pais têm orgulho de mostrá-las. Eles não entendem que essa "superinteligência" é frequentemente consequência do excesso de estimulação e atividades a que são submetidas, que alargou demasiado a MUC e estressou excessivamente o Eu e o fenômeno do Autofluxo a construírem cadeias de pensamentos numa velocidade nunca antes vista. Isso gera a síndrome do pensamento acelerado e, consequentemente, uma mente estressada.

Meus livros também são usados em institutos de gênios para ajudá-los a incorporar habilidades psicossociais para que se tornem saudáveis, estáveis, produtivos. O excesso de pensamentos em alguns gênios desgasta o cérebro deles e asfixia a imaginação, a tranquilidade e a sociabilidade.

Cuidado. Provavelmente, a maioria das crianças de sete anos das sociedades atuais tem mais informação do que um imperador romano tinha quando dominava o mundo no auge da Roma antiga. Informações empilhadas de forma inadequada na MUC não subsidiam a construção de pensamentos lúcidos, altruístas, coerentes e úteis para libertar o imaginário.

A DANÇA ENTRE A MUC E A ME

A teoria das janelas da memória pode contribuir tanto com a psicanálise como com a psicoterapia comportamental/cognitiva. Como estuda a base da construção de pensamentos, produz material que não compete ou substitui nenhuma delas. Toda psicoterapia, seja ela de fundo analítico, comportamental ou cognitivo, reorganiza em especial a MUC.

A psicoterapia comportamental/cognitiva intervém diretamente nas janelas traumáticas ou na reconstrução de janelas light paralelas. Levando, por exemplo, uma pessoa que tem claustrofobia para dentro de um elevador. A exposição ao estímulo estressante e a consequente racionalização pode reeditar a janela ou criar janelas paralelas saudáveis.

Na psicanálise, procura-se resgatar com a técnica de associação livre as janelas killer do inconsciente (ME) que financiam o conflito com o objetivo de reeditá-las, o que é nobre. Entretanto, todo resgate psicanalítico do inconsciente, sua racionalização e consequente superação são arquivados pelo fenômeno RAM na MUC. Os conflitos, independentemente da técnica psicoterapêutica, no último estágio são reciclados no consciente, ainda que depois retornem para a periferia da memória, o que é desejável, pois a vida precisa seguir seu curso.

É mais importante ter uma MUC saudável do que uma ME saudável, pois aquela representa o centro da cidade da memória, a área de maior acessibilidade e circulação do Eu. Uma MUC saudável pode contrabalançar o peso de uma ME ou memória periférica doentia, embora, dependendo das janelas killer duplo P na ME, o psiquismo possa ser encarcerado. O ideal é ter as duas memórias profícuas. Mas enfatizo que quem teve uma infância caótica pode ter uma vida adulta primaveril, em especial se o Eu construir na MUC zonas de janelas light que produzam prazer, generosidade, tranquilidade, resiliência, onde as perdas e decepções são encaradas por outras perspectivas.

Crianças que tiveram histórias dilaceradas por abuso sexual, atos terroristas, sequestro, podem desenvolver uma emoção saudável e, de outro lado, crianças que tiveram uma história sem traumas podem desenvolver uma emoção ansiosa, tímida, fóbica. Tudo vai depender da reedição das janelas traumáticas da ME e, como disse, em especial da construção da MUC. Uma pessoa não precisa ter um passado saudável sem traumas e privações para ter um futuro razoavelmente saudável. Se o Eu funcionar como autor da sua própria história e exercer com maestria seus papéis vitais, ele transformará o caos em oportunidade criativa, fará da sua memória de uso contínuo um jardim.

A ME influencia muitíssimo o Eu, mas grande parte dos nutrientes que financiam a arte da contemplação do belo, da autoconsciência, da capacidade de fazer escolha, proteger a psique, filtrar estímulos estressantes, bem como de pensar antes de reagir, imaginar, ousar, intuir, ser altruísta, é extraída da MUC.

A melhor maneira de reescrever o passado é reconstruir o presente. Devemos retornar ao passado apenas para reciclá-lo, reorganizá-lo, mas não para nos fixarmos nele. Mas muitos têm um Eu saudosista, que se fixa nos fatos que já ocorreram, seja para se autopunir pela culpa, seja para reclamar o que perdeu. Reclamar e se culpar esgotam a energia do Eu, fragilizam-no como engenheiro do presente. Nada mais triste do que ser refém da história e nada tão prazeroso quanto ser um construtor de um novo tempo.

CAPÍTULO 5

As classes de raciocínio

O segundo grande mecanismo de formação do Eu está ligado às classes de raciocínio. A memória Genética, Existencial e de Uso Contínuo, como primeiro mecanismo, representa os alicerces da formação do Eu, e as classes de raciocínio desenvolvidas, bem como os demais mecanismos que estudaremos, representam as construções que serão edificadas sobre esses alicerces.

As classes de raciocínio estão relacionadas ao conteúdo dos pensamentos e podem ser classificadas em raciocínio simples/unifocal, complexo/multifocal, lógico, abstrato, dedutivo e indutivo. Estudaremos nos próximos dois capítulos fenômenos diretamente ligados aos tipos e à natureza dos pensamentos. De acordo com a Teoria da Inteligência Multifocal, há três tipos de pensamentos: o pensamento essencial, o dialético e o antidialético. O primeiro é inconsciente, e os dois últimos são conscientes. Quanto à natureza dos pensamentos, ela é classificada em real/essencial e virtual/imaginária.

Tudo o que eu abordar sobre as classes de raciocínio neste capítulo tem estreita relação com "as formas do pensar" e a "natureza do pensar". Como o assunto é extenso, me aterei mais ao raciocínio simples/unifocal e ao raciocínio complexo/multifocal. Quanto às demais classes de raciocínios, farei apenas uma síntese. Existem várias subclasses que serão estudadas no futuro em outros textos. Cada raciocínio é um "construto".

A PAUTA DO RACIOCÍNIO SIMPLES/UNIFOCAL E DO COMPLEXO/MULTIFOCAL

O raciocínio simples é produzido por pensamentos simples, que, por sua vez, usam uma base quantitativa e qualitativa limitada de dados e uma eficiência reduzida na organização das informações. Sua construção é linear, pautada pela ação-reação, estímulo-resposta, unifocalidade, por isso também é chamado de raciocínio unifocal. O raciocínio unifocal vê os fenômenos por um único ângulo, portanto através de um campo intelectual reduzido, enquanto o raciocínio multifocal abrange múltiplos focos e múltiplas formas de organização dos dados, por isso ele pode ter baixa, média e alta complexidade.

Para se encaixar na categoria de raciocínio simples/unifocal, ele tem de ter a menor taxa possível de inferência, indução, intenções subjacentes, paralelismos, sentimentos subliminares, conclusões multiangulares e a maior taxa possível de objetividade, lógica, linearidade. Para se encaixar na categoria de raciocínio complexo/multifocal, as taxas dos elementos citados devem se inverter.

O pedido/ordem de uma criança ao observar um brinquedo numa loja, "mamãe, eu quero esse brinquedo", expressa um raciocínio simples, pois tem elevada taxa de objetividade, mas um pedido/pergunta/solicitação que diz "mamãe, você pode me comprar esse brinquedo?", é um raciocínio que tende à complexidade, pois tem significativa taxa de subjetividade e inferência, decorrentes de rápida e sofisticada análise dos seus limites e da necessidade de concordância da mãe. A quantidade de janelas abertas e a qualidade da organização dos dados são muito maiores no raciocínio complexo/multifocal.

As gritantes diferenças entre o raciocínio unifocal e multifocal

No raciocínio simples/unifocal, enxergam-se somente as próprias necessidades. No complexo/multifocal, coloca-se no lugar dos outros e também enxerga-se as necessidades deles.

No raciocínio unifocal, a felicidade dos outros não afeta a minha emoção, é a fonte do egoísmo. No raciocínio multifocal, contribuir com a felicidade do outro irriga a minha própria felicidade, é a fonte do altruísmo.

No raciocínio unifocal, enxergam-se apenas os seus próprios direitos; no multifocal, enxergam-se também os direitos dos outros.

No raciocínio unifocal, desencadearam-se guerras, genocídios, homicídios, exclusão social. No raciocínio multifocal, desencadearam-se as luta pela igualdade, fraternidade e liberdade.

No raciocínio unifocal, há uma liberdade sem limites; no complexo/multifocal, enxerga-se que só há liberdade dentro de certos limites.

No unifocal, procura-se o prazer a qualquer custo; no multifocal, procura-se o prazer que preserve a vida.

No raciocínio unifocal, liberta-se o instinto e fere-se quem nos feriu; no multifocal, liberta-se a generosidade e se pensa antes de reagir.

No raciocínio unifocal, toda ação provoca uma reação; no multifocal, toda ação provoca a razão/ato de pensar.

No raciocínio unifocal, ama-se a resposta; no multifocal, ama-se a oração dos sábios, o silêncio proativo. E, nesse intrigante silêncio, liberta-se a arte da pergunta: "quando?", "por quê?", "como?", "será que não há outra forma de pensar e reagir?".

No raciocínio unifocal, detestam-se os fracassos e ama-se o sucesso; no multifocal, tem-se plena consciência de que ninguém é digno do sucesso se não usar seus fracassos para conquistá-lo.

No raciocínio unifocal, procuram-se o sorriso e os aplausos, mas, no raciocínio multifocal, sabe-se que o drama e a comédia, os aplausos e as vaias fazem parte da historicidade humana.

O raciocínio unifocal leva o Eu a ter a necessidade neurótica de estar em evidência social; o raciocínio multifocal liberta o Eu para encontrar prazer no anonimato.

O Eu unifocal quer ter o controle dos outros, o Eu multifocal sonha em ter de si mesmo o controle.

O Eu unifocal pune quem erra, o multifocal dá sempre uma nova chance.

O Eu unifocal recita as ideias dos outros, o multifocal as cria.

O Eu unifocal obedece a ordens, o multifocal pensa pela empresa.

O Eu unifocal corrige erros, o multifocal os previne.

O Eu unifocal impõe suas ideias, o multifocal as expõe gentilmente.

O Eu unifocal recua diante do caos, o multifocal vê nele uma oportunidade de iniciar uma nova etapa.

O Eu unifocal curte o fim da trajetória, o multifocal curte o processo.

O Eu unifocal precisa de muitos eventos para sentir migalhas de prazer, o Eu multifocal explora as insondáveis riquezas das pequenas coisas.

O Eu unifocal é sequestrado pela ansiedade, o multifocal procura gerenciá-la.

O Eu unifocal é vítima das circunstâncias, o multifocal não abre mão de ser autor da sua história.

O Eu unifocal pensa como indivíduo, o Eu multifocal pensa como humanidade.

É provável que muitos jovens saiam das universidades com o Eu fragilizado, sem aprender a raciocinar com complexidade. Alguns só aprendem a raciocinar unifocalmente, e por isso têm mentes radicais, estreitas, tímidas, com baixa capacidade de suportar contrariedades, de lidar com novas situações ou de se reinventar.

O que determinará o nosso futuro profissional/social/emocional será o desenvolvimento do raciocínio complexo, e não o raciocínio simples gerado pelas informações no córtex cerebral, que foram reproduzidas unifocalmente nas provas.

Alguns tipos de prova escolar, em destaque as de múltipla escolha, podem fomentar o raciocínio simples/unifocal. O debate, a troca, a interação social, se praticadas, seriam mais estimuladoras do raciocínio complexo/multifocal.

As provas existenciais são muito mais exigentes do que as provas escolares. Nas provas escolares, dividir é sempre diminuir; nas existenciais, dividir pode aumentar. Nas escolares, os erros são punidos; nas existenciais, eles são os alicerces da maturidade. Nas escolares, ousar, emitir opiniões e correr riscos são atitudes "desencorajadas"; nas existenciais, são essenciais. Nas escolares, colar é proibido; nas existenciais, transmitir o que se sabe é fundamental. Que tipo de prova nossos filhos estão preparados para realizar? Que tipo de Eu estão formando?

As classes de raciocínio como matéria-prima

O Eu usa o raciocínio simples/unifocal para executar tarefas, copiar dados, fazer solicitações, realizar interações corriqueiras. Embora todos os raciocínios, simples ou complexos, sejam produzidos por fenômenos sofisticadíssimos, grande parte de nossas atividades mentais e sociais não necessita de pensamentos com conteúdos altamente complexos. Quem se perde num explicacionismo sem fim, quem se emaranha em detalhes, torna complexo aquilo que é simples, perde a objetividade.

Qualquer criança, ainda que tenha alterações genéticas, como a Síndrome de Down, com preservação significativa do córtex cerebral, possui nos bastidores de sua mente atores inconscientes (o Gatilho da Memória e o Autofluxo) e um ator consciente (o Eu) que produzem raciocínios simples/unifocais. A ação contínua do fenômeno RAM forma as janelas na MUC e na ME com milhares de informações, que serão lidas por esses atores. O Eu, em especial, lê as janelas da memória, resgata verbos em frações de segundos, os conjuga tempoespacialmente, insere um sujeito e outros elementos para produzir milhares de cadeias de raciocínios unifocais diariamente.

Raciocínios simples, portanto, são produzidos pela atuação de fenômenos sofisticados e não simplistas. Recorde que, como disse, um bebê precisa de dinamismo intelectual e uma grande base de dados para seu Eu produzir um pensamento simples como "mamãe, eu quero água". Recapitule algumas das complexas etapas em jogo. A sede, a consciência da sede, a convicção de que a sede emana da criança, a intencionalidade da ação com objetivo de satisfação, a focalização do agente (a mãe) para quem a intencionalidade é dirigida, a expectativa da receptividade e a consequente recompensa. Em todas essas etapas, inúmeras janelas são abertas e lidas para confeccionar um raciocínio simples/unifocal. Grande parte dos pensamentos que estão na base desse raciocínio não é traduzida por palavras, não ganha sonoridade, pois, como veremos, é antidialética. Somente o pensamento dialético, que copia a linguagem dos sinais, é expresso pelas palavras.

À medida que ocorre o processo de formação da personalidade, é necessário aumentar a base de informações para que o Eu possa lê-las e utilizá-las para expressar as múltiplas intenções e ações tempoespaciais, como "Amanhã irei a tal lugar", "Perturba-me este ambiente", "Hoje tenho um compromisso", "Você pode realizar esse trabalho?", "Por favor, sente-se aqui".

Para produzir raciocínios simples/unifocais, o Eu, como gerente da psique, lê áreas limitadas de janelas do córtex cerebral. Essa leitura pode causar vícios graves. O Eu pode se viciar em penetrar e ler de maneira reduzida, preguiçosa, estreita, a MUC e construir pensamentos simples em atividades que exigem raciocínios complexos, como julgar, excluir, incluir, analisar sentimentos, trocar experiências. Pessoas irritadiças, impulsivas, excessivamente críticas, extremistas, intolerantes, que detestam ser contrariadas, são viciadas em determinados circuitos de janelas. Têm grande potencial, mas reagem estupidamente como se fossem intelectualmente limitadas.

Se é necessária uma razoável quantidade de janelas para subsidiar a produção de raciocínios unifocais, imagine para subsidiar a construção dos complexos, como "Senti-me ofendido por seus comportamentos. Talvez você não tenha percebido, mas seu tom de voz muito mais do que o conteúdo das suas palavras machucou-me".

Múltiplos elementos estão em jogo nesse raciocínio. Vou comentar apenas a primeira parte dele "Senti-me ofendido por seus comportamentos". O verbo "senti-me" expressa a consciência do sentir e a relação existencial com meu próprio ser – sou Eu quem sentiu, e não milhões de pessoas. "Ofendido" expressa a consciência da dor e sua relação temporal – senti-me ofendido, a ação já ocorreu e provavelmente ainda está em curso subliminar, embora as palavras não o declarem. "Por seus comportamentos" indica uma relação de causalidade objetiva e subjacente. Objetiva, porque apontei a causa, os comportamentos; subjacente, porque não expressei quais foram esses comportamentos, mas tenho a expectativa de que o agente ofensor faça um mapeamento da sua história, detecte os comportamentos a que me refiro, assuma que os produziu e que eles geraram consequências no território da minha emoção.

Só nessas etapas da construção da primeira parte desse pensamento complexo milhares de janelas foram abertas em mim e muito provavelmente no outro, processando dezenas de milhares de informações. Um robô poderá dizer a mesma coisa, a diferença é que suas palavras teriam um centímetro de profundidade, e a de um ser humano, rios subterrâneos.

O Eu pode viciar sua leitura do córtex cerebral

Que tipo de raciocínio você usa quanto entra em atritos? O seu Eu faz a oração dos sábios, pensa antes de reagir ou ataca quem o atacou? E quando alguém o decepciona? O seu Eu raciocina multifocalmente, coloca-se no lugar do outro e entende que por trás de uma pessoa agressiva há uma pessoa agredida em sua história ou dispara seu julgamento e o exclui da sua agenda social? E quando necessita mudar de rota? Você tem coragem de começar tudo de novo ou vai até as últimas consequências, mesmo que lá no fundo saiba que está errado?

Todos nós temos um Eu viciado, em maior ou menor grau, em ler áreas restritas da MUC e da ME nos focos de tensão, seja por sermos prisioneiros das janelas killer, seja por não desenvolvermos habilidades para ampliar o campo de leitura da memória e consequentemente superar o cárcere do raciocínio simples/unifocal.

Não basta ter uma base maior de dados, um córtex cerebral com bilhões de dados, se o Eu não desenvolveu a capacidade para acessá-los e organizá-los. Sem essas habilidades, um cérebro culto não produzirá uma mente madura. Como disse e reafirmo, já foi o tempo em que ser gênio era ter uma excelente memória, uma capacidade de armazenamento espetacular. Hoje, qualquer computador tem melhor capacidade de armazenar ou pelo menos de acessar os dados que o mais brilhante dos gênios. Nós nos diferenciamos das máquinas fundamentalmente pelo raciocínio complexo/multifocal, e não pelo raciocínio simples/unifocal.

Não apenas drogas podem viciar o Eu, mas os circuitos de leitura da memória também. O Eu, dependendo da educação a que é submetido, vicia-se na construção de pensamentos com estreitas dimensões intelectuais, emocionais, sociológicas, filosóficas. O senso comum sabe que cada pessoa tem uma índole, só que não sabe que essa índole são os vícios de leitura da memória. O senso comum acredita que a índole não muda. Mas, em tese, o ser humano não é imutável. Acredito nisso não apenas como humanista, mas também como pensador da área.

É possível romper esse círculo vicioso de leitura e reorganizar o psiquismo. Difícil? Sim, mas possível. Depende de o Eu aprender a ser transparente, desenvolver um raciocínio abstrato, reconhecer sistemática e continuamente seus erros, reeditar o filme do inconsciente e ser protagonista da sua história.

Exemplos de vícios de leitura da memória. a) Uma pessoa impulsiva não suporta ser contrariada, tem um Eu dependente de algumas janelas do córtex cerebral. Reage pela pauta da razão unifocal, bateu-levou. b) Uma pessoa dissimuladora, especialista em não assumir seus comportamentos, quando questionada, seu Gatilho da Memória entra em zonas de conflito e ela mente com a cara mais deslavada. Seu Eu é viciado em pensar unifocalmente, tem medo de ser transparente, não leva em consideração as consequências do seu comportamento nem a dor dos outros. c) Uma pessoa portadora de fobia, diante de determinado estímulo fóbico, se torna refém de uma determinada janela killer prévia.

Toda vez que viciamos a leitura num determinado grupo de janelas da memória reduzimos a complexidade do nosso raciocínio, contraímos de maneira simplista a interpretação de um objeto de estudo, que pode ser uma coisa ou pessoa. Muitos cientistas, artistas, esportistas, destroem sua criatividade depois de alcançarem o sucesso por causa dos vícios de leitura dos circuitos da memória. Contraem a capacidade de arriscar-se, aventurar-se, debater, imaginar. Se você teve sucesso em determinadas áreas, cuidado, o risco de um engessamento intelectual inconsciente é grande.

Existem circuitos de leitura da memória que determinam especialidades da inteligência, como descritas na teoria das inteligências múltiplas de Howard Gardner: inteligência musical, interpessoal, lógico-matemática, etc. Mas as especialidades podem trazer sérios riscos. Se o Eu não ampliar o território de leitura para desenvolver habilidades fundamentais, um ser humano, especialista numa área, pode tropeçar vexatoriamente em outra. Devemos ser especialistas com viés generalista.

Certa vez orientei um grande esportista mundial a potencializar e resgatar a liderança do Eu, reeditar o inconsciente, superar alguns conflitos e se tornar autor da sua história. Era brilhante, mas as lesões físicas o levaram a arquivar janelas psíquicas traumáticas duplo P, que sequestravam sua autoconfiança, determinação e habilidade. As críticas e sua autocobrança o invadiam. Reafirmo: toda pessoa que atinge o ápice pode se psicoadaptar a ele e levar o Eu a se viciar em determinados circuitos de janelas, dificultando o acesso a áreas que contêm aventura, ousadia, rebeldia ao cárcere da mesmice.

Como ele tinha uma mente brilhante, entendeu que, primeiramente, se ganha o jogo no complexo campo da própria mente, e só depois na arena esportiva. Compreendeu que o Eu deve sair das raias da passsividade, identificar as janelas que o controlam, proteger sua emoção, administrar sua ansiedade e ser líder da sua psique nos focos de estresse. Como era disciplinado, fez exercícios intelectuais continuamente para deixar de ser servo e se transformar no autor da sua história. E conseguiu. Nada é tão belo e relaxante quanto alcançar essa meta.

Os aplausos, reconhecimentos e a notoriedade levam inconscientemente o Eu a procurar zonas de segurança para preservar o sucesso, o que engessa sua flexibilidade, rebeldia, inventividade. Essa zona de segurança é evidenciada por duas coisas: áreas restritas de leitura da MUC e uso excessivo do pensamento dialético/previsível, que é traduzido pelo raciocínio lógico/linear. Estudaremos que o pensamento antidialético/imprevisível transgride a mesmice, liberta o imaginário e fomenta a criatividade. Não é exagero dizer que 90% do raciocínio humano é bloqueado pela educação simplista-unifocal-lógica do Eu.

Um psiquiatra ou psicólogo clínico que quer "enfiar" o paciente na sua teoria não está exercendo o pensamento complexo, mas sim o simplista. Há histórias de professores de psicologia, psicanalistas ou cognitivistas radicais que dizem aos seus alunos que a teoria que abraçaram é a "top" e as demais são irrelevantes. Eles não sabem que a verdade é um fim inatingível na ciência, desconhecem as classes dos raciocínios e as variáveis que entram no seu processo de construção e menos ainda as armadilhas que podem ocorrer nos mecanismos de formação do Eu.

A pedagogia do radicalismo é grave. Tem chance de formar psicólogos que não desenvolverão um raciocínio complexo/multifocal no "set terapêutico", mas um pensamento simples/unifocal, levando-os a enquadrar radicalmente os pacientes na teoria que abraçaram, desrespeitando a individualidade e a variabilidade da personalidade de cada paciente. O paciente sempre será maior do que uma teoria psicoterapêutica. É a teoria que deve servir ao paciente, e não ele à teoria. O Eu de um psiquiatra ou de um psicólogo clínico tem de ser livre e maduro para pensar com complexidade, para se colocar no lugar do paciente e dar ferramentas para que o Eu dele se reorganize e reconstrua sua história.

Erros de um Eu encarcerado/estressado

Ciúmes, atritos, discórdia, raiva, mágoas e medos são com frequência frutos de mentes estressadas, equipadas para pensar sem complexidade. Um Eu viciado em construir raciocínio unifocal poderá transformar uma barata num monstro, uma frustração numa experiência inaceitável, uma traição em ódio mortal. Os piores inimigos do Eu não estão frequentemente fora dele, e sim nas emboscadas existentes em seus mecanismos construtivos.

Uma pessoa que tem autoconsciência sólida e habilidade para aumentar a base de leitura da memória jamais venderá sua dignidade e tranquilidade por um preço vil. Se alguém a quem ela ama a trai ou frustra, lhe dá liberdade para partir sem vingança e sem grandes mágoas. Não existem pessoas intelectualmente limitadas, mas mentes estressadas e viciadas em raciocinar de maneira estreita e unifocal.

Um professor que, ao analisar a prova dos seus alunos, só dá nota em função da repetição dos dados objetivos está exercitando o pensamento simples/unifocal, e não o complexo/multifocal, pois está desconsiderando a inventividade, o raciocínio esquemático, o imaginário e a ousadia deles. Sua atitude contribui para formar repetidores de ideias e não pensadores. Pode contribuir inclusive para destruir gênios.

Lembro-me de uma jovem especial que tirou zero numa redação. Será que apenas o esforço intelectual de participar não valia alguma nota? O raciocínio dela era tão limitado que não merecia ser minimamente considerado? Que base se usa para aferir dados subjetivos de uma redação? Para mim, ela era inteligente, inventiva, ousada, mas levou um zero do seu professor, uma punição tão grave como uma humilhação pública. Ela chorou, achou-se incapaz e plantou no centro da sua memória uma janela killer que poderia abortar sua criatividade. Mas a encorajei a reescrever sua história, a desenvolver inúmeros raciocínios complexos/multifocais para libertar seu imaginário, deixar de ser escrava dessa punição, libertar-se do seu conformismo. O resultado? Superou-se. Hoje ela é uma brilhante escritora. Há pouco tempo a vi dar uma conferência para 1.800 professores, e todos a aplaudiram de pé. Frequentemente, ela discute com notáveis intelectuais suas ideias e é muitíssimo admirada. Mas quantos alunos "morrem" intelectualmente na trajetória escolar.

Pais que são especialistas em criticar os comportamentos de seus filhos, mas são incapazes de perguntar as causas que financiam suas reações e de dialogar abertamente e trocar experiências com eles, têm mais aptidão para formar servos do sistema social do que autores da sua própria história. Tais pais podem detestar as drogas e ter medo de que seus filhos as usem, mas não sabem que o seu Eu tem um grave vício, o da crítica e das respostas prontas e previsíveis. Você tem esse vício?

Executivos que controlam seus pares e não exploram seu potencial, bem como mulheres e homens que são extremamente controladores de seus parceiros têm um Eu encarcerado pelo raciocínio unifocal. O raciocínio multifocal não domina ninguém, é generoso, doador, apoiador.

Em casos mais graves, o pensamento simples/unifocal, ancorado em janelas killer duplo P que contêm extremismos, radicalismos, insensibilidades, pode financiar o desenvolvimento de ditadores, sociopatas, psicopatas, cujo Eu tem a necessidade neurótica de poder, de estar acima dos outros e de que o mundo gravite na sua órbita. O autoritarismo não nasce no solo de uma racionalidade complexa, mas simplista. Por mais poderoso que um ditador possa ser no terreno social, será sempre frágil em seu psiquismo.

O RACIOCÍNIO INDUTIVO E DEDUTIVO

O raciocínio dedutivo usa a análise sequencial para tirar conclusões e fazer avaliações. Ele é fundamental na produção científica. Quando o raciocínio dedutivo é lógico-matemático, ele está menos sujeito a erros, mas não isento. Quando é psicossocial, pode estar sujeito a muitas falhas. Em situações complexas, o raciocínio dedutivo tem uma abertura de janelas maior do que o raciocínio simples/unifocal porque é sustentado por uma capacidade de observação multilateral dos dados.

Deixe-me dar um exemplo. Se eu digo: "Um garoto comprou 12 laranjas e chegou em casa com oito". Essa expressão é um raciocínio unifocal, declara o personagem (o garoto), os objetos (as laranjas), a ação tempoespacial (chegou em casa). E o raciocínio dedutivo, onde se encontra? Ele entra em cena quando abrimos algumas janelas da memória e deduzimos que, se o garoto comprou 12 e chegou em casa com oito laranjas, logo perdeu quatro.

E o raciocínio indutivo, onde se encontra? Vai além da imagem das laranjas. O Eu amplia o número de janelas abertas e questiona as verdades dedutivas: se o garoto chegou com oito, pode não ter perdido nenhuma. Mas como? Pode ter chupado duas, doado uma para um amigo e ter jogado outra fora porque estava podre. O raciocínio indutivo amplia o leque de possibilidades, questiona a lógica imediata, transgride os paradigmas. O raciocínio dedutivo tem muita afinidade com o pensamento dialético, e o indutivo, com o pensamento antidialético.

Hitler usava o raciocínio simples/unifocal para exterminar judeus, homossexuais, marxistas e outras minorias. Sua mente insana usava dados falsos para deduziu suas conclusões débeis. Para ele, seus inimigos contaminavam a raça ariana superior, logo concluiu que tinham de ser exterminados.

Ele disse num discurso: "Nenhuma personalidade militar ou civil poderia me substituir". Após esse raciocínio simplista/unifocal verbalizado com voz imponente para seus asseclas ou seguidores, que o endeusavam, afirmou: "Estou seguro da força do meu cérebro e da minha capacidade de decisão". E alicerçado nessa autoconfiança psicótica, concluiu: "As guerras nunca devem terminar a não ser pela capacidade de total aniquilamento do adversário...".[1] Fiel ao seu raciocínio delirante, ele levou a guerra até as últimas consequências. Não apenas exterminou milhões de pessoas das mais diversas nações, mas também levou a juventude

---
[1] FEST, Joachim, *Hitler*. Nova Fronteira, Rio Janeiro, 2005.

alemã a um verdadeiro suicídio, mesmo quando sabia que era um fraco.

No dia 14 de maio de 1934, um alemão fascinado por Hitler escreveu uma peça teatral, *Irmãos de Sangue*, que seria encenada pelos meninos hitleristas.

Seu raciocínio simplista/unifocal apontou Hitler como messias — "O *Führer* foi enviado pela misericórdia de Deus. Não apenas para a Alemanha! Também para outras nações!". Se Hitler é uma espécie de messias, deduziu: "Somos profetas do *Führer*. E vamos acabar com as religiões! Podemos construir as pontes para o futuro da Alemanha, que nossos filhos olhem, orgulhosos, para o alto!".

O raciocínio unifocal/dedutivo foi e tem sido a fonte das grandes tragédias humanas. No livro *O Colecionador de Lágrimas versus Hitler*, um romance histórico-psiquiátrico a ser publicado em breve, comento esse raciocínio nazista e suas inimagináveis atrocidades. Ele pode adestrar mentes frágeis. Himmler, que era o todo-poderoso chefe da polícia secreta SS, a tropa de elite de Hitler, a mesma que controlava com incrível severidade os campos de concentração, era uma mente adestrada. Tremulava na frente de Hitler. Não tinha um raciocínio complexo/mutifocal, mas unifocal, dedutivo, serviçal.

O problema é que, quando se usa uma base de dados errada, as deduções podem ser completamente irracionais. Diante dessa análise, devemos nos perguntar: os colegiais e os universitários estão desenvolvendo coletivamente o raciocínio complexo/multifocal/indutivo? Têm eles um Eu que possui consciência dos seus papéis vitais? Esse Eu é gerente de seu psiquismo? Têm consciência das classes de raciocínio? Qualificam sua racionalidade? São questionadores das verdades ideológicas e científicas? Sabem colocar-se no lugar dos outros? São altruístas? Pensam antes de reagir nos focos de estresse? Têm resiliência para trabalhar e superar suas angústias e frustrações?

O RACIOCÍNIO ABSTRATO

O raciocínio abstrato é a classe de raciocínio mais íntima e introspectiva do Eu. Ele envolve a classe multifocal e indutiva, mas o classifico separadamente devido à sua arquitetura e práxis específica. É, ou deveria ser, a ferramenta intelectual básica do Eu para conhecer a si mesmo, se interiorizar, se observar e se mapear. Como abordarei extensamente o raciocínio abstrato no capítulo sobre o mecanismo da autoconsciência, aqui apenas farei uma síntese dele.

Já manifestei em um dos meus livros que, quanto pior a qualidade da educação, mais importante será o papel da psiquiatria e da psicologia. Infelizmente, como a educação mundial foca o exterior, além de perder oportunidades educativas preciosas, contribui indiretamente para formar pessoas doentes. É quase inacreditável que alunos fiquem tantos anos sentados nas escolas sem serem ensinados sobre as classes dos pensamentos. É inconcebível também que não aprendam a exercitar o raciocínio abstrato, que é imprescindível para a prevenção dos transtornos psíquicos e para a formação do Eu e dos seus papéis vitais.

Como o Eu fará uma higiene mental, protegerá a emoção, gerenciará a ansiedade, reciclará o poder dos pensamentos mórbidos e dos fantasmas do medo se ele não sabe desenvolver minimamente o raciocínio abstrato? As crianças, os adolescentes e universitários não sabem sequer que têm um Eu que deve dar um choque de lucidez em seus pensamentos perturbadores e emoções angustiantes. Não se admite que os alunos joguem o lixo na carteira e no chão, mas nos silenciamos sobre o lixo psíquico que acumulam. Parece que os pensamentos e emoções doentias não nos infectam. Sinceramente, espero não ser uma voz solitária no teatro social, que cada vez mais se levantem profissionais de todas as áreas apontando esses paradoxos e declarando que a humanidade tomou o caminho errado.

Não basta desenvolver um raciocínio abstrato, é necessário desenvolvê-lo saudavelmente. Pelo menos dois terços das pessoas apresentam sintomas de timidez, uma parte delas desenvolve um raciocínio abstrato doentio que gera uma introspecção inadequada, que gera baixa autoestima e que, por sua vez, desestabiliza a emoção, não gerencia os pensamentos, não abranda a ansiedade.

Dentre tais pessoas, algumas se punem frequentemente, não admitem seus erros, são algozes de si mesmas, acham-se sempre incapazes e indignas de ser felizes. São generosas com os outros, mas excessivamente críticas consigo mesmas. Outras, ao contrário, punem os outros, são miseráveis e infelizes, pois vivem em função deles. São especialistas em apontar os erros das pessoas que as rodeiam, mas nunca os seus. Ainda outras acham frequentemente que os outros falam delas e tramam contra elas, isso porque o seu Eu tem ideias paranoicas ou de perseguição. São capazes de manipular as pessoas ao seu redor, de mostrar que são vítimas de determinados algozes. No começo, por serem persuasivas, conseguem arrebatar mentes inocentes, mas pouco a pouco caem em contradição.

Todas essas pessoas, ainda que tenham excelente potencial para brilhar e se reciclar, têm defeitos na construção do Eu. O Eu coloca-se como servo dos conflitos delas, e não como autor da sua história. A introspecção inadequada é uma bomba contra a saúde psíquica. É cultivadora de janelas killer duplo P, que contraem a sociabilidade, o prazer de viver, a capacidade de filtrar estímulos estressantes.

É provável que a maioria das pessoas que desenvolve um raciocínio abstrato não o desenvolva de maneira saudável. Veja os contrastes. Muitos sabem falar com exatidão sobre as partículas atômicas e subatômicas, mas não estruturaram seu Eu para falar minimamente das "montanhas" dos seus medos e temores, nem dos "penhascos" que alicerçam suas angústias. Outros descrevem com detalhes os mais variados tipos de carro, suas marcas, modelos e particularidades do motor, mas não conseguem falar nada sobre as particularidades de sua mente, sobre como constroem seus pensamentos e por que sofrem por antecipação. Ainda outros, preocupados com sua segurança, fazem todo tipo de seguro, mas não sabem segurar minimamente sua mais importante propriedade, o território da emoção. Qualquer estímulo estressante ou contrariedade os leva aos vales da irritabilidade e da agressividade.

Mas essas pessoas mudarão ou continuarão eternamente complicadas e complicando a vida de quem as rodeia? Já vi pessoas se levantarem das "cinzas" após desenvolver um raciocínio abstrato saudável. Já presenciei psicopata aprendendo a se interiorizar e ter atitudes altruístas. Raro? Sim, mas possível. Claro que um psicopata cairá fatalmente em depressão se entrar em contato com seus dramáticos erros e aprender a se colocar no lugar das suas vítimas. E sua dor asfixiante não será ruim, mas um estágio necessário para seu Eu se reciclar e se reorganizar, caso contrário estará simulando, ficará intocável.

Como veremos no próximo volume desta obra, muitos não superam seus conflitos e não mudam sua história emocional porque seu Eu não é transparente, tem medo de entrar em contato com seus erros, infantilidade, radicalismo, agressividade. Seu Eu, por ser vítima da necessidade neurótica de se defender, não olha para si, não é transparente, esquiva-se ansiosamente da dor emocional, fica, portanto, imutável.

A meditação, a espiritualidade e em destaque as técnicas psicoterapêuticas, podem ajudar na formação do raciocínio abstrato. Mas, de acordo com a teoria da Inteligência Multifocal, são necessários outros importantes nutrientes: doses elevadas de uma educação inteligente, que conduza o educando a conhecer os mecanismos de formação do Eu, e o desenvolvimento e treinamento dos seus papéis vitais.

O raciocínio abstrato contribui para desenvolver o Eu, e, depois de formado, o próprio Eu se torna uma fonte excelente dessa classe de raciocínio. Não é possível viajar para dentro de nós mesmos de maneira inteligente e velejar nas águas da emoção de maneira saudável sem desenvolver um raciocínio abstrato penetrante. Navegar é preciso; estressar-se e afogar-se, não.

TRÊS TÉCNICAS PEDAGÓGICAS PARA EXPANDIR O RACIOCÍNIO MULTIFOCAL/INDUTIVO/ABSTRATO

A pedagogia da cultura geral. Ela expande a qualidade das janelas da MUC. Uma MUC restrita diminui a fluência do raciocínio, a interação social, o prazer do diálogo e do debate. De outro lado, uma MUC extremamente alargada pelo excesso de informação, consumo, atividades e preocupações gera uma mente agitadíssima, fatigada, esquecida, irritadiça, flutuante, impaciente, caracterizada pela síndrome do pensamento acelerado. A maioria dos jovens e adultos cai nesses extremos.

Uns, por terem medo de se expor e serem socialmente alienados, enfim, por terem uma MUC limitada, se isolam em seu mundo, têm uma mente lenta. Outros, por serem plugados em computadores, internet, consumo, e se entulharem de informações sem qualidade, ou seja, por terem uma MUC superexpandida, não relaxam, desenvolvem uma mente superestressada.

Para se ter uma MUC qualitativamente expandida deve-se selecionar as informações. O cérebro humano não é depósito de dados. Suas janelas não são ilimitadas, o que indica que cultura inútil estressa a mente. Deve-se ler livros e jornais impressos que tenham qualidade. Particularmente, acho muito importante ler jornais que abordem muito mais do que miserabilidade social, que comentem a agenda social local, o movimento dos povos, os grandes temas internacionais, as artes, os esportes.

É estranho que muitos jovens não saibam com detalhes o que está acontecendo no mundo. Desconheçam os conflitos no Oriente Médio, a crise econômica mundial, o aquecimento global, a insegurança alimentar. Parece que vivem em outro planeta. Formar apenas especialistas que só saibam cada vez mais sobre cada vez menos pode ser perigoso. Pode comprometer a construção do raciocínio multifocal/indutivo/abstrato e contrair a liberdade do imaginário e a produção de novas ideias. É necessário formar especialistas que tenham cultura geral.

Alguns cientistas não sabem falar de nada além dos temas da sua área de pesquisa. Alguns religiosos não sabem discorrer sobre nada além da sua religião. Alguns políticos não têm outro assunto a não ser comentar sobre a própria ideologia, eleições e políticos que estão no poder. Contraíram o centro mais importante da memória, a Memória de Uso Contínuo, que liberta o Eu e financia a sociabilidade, o prazer do diálogo e da criatividade. Por isso só se relacionam com seus pares, pois só eles os suportam. Ainda que sejam pessoas notáveis, possuem, como comentei, um Eu viciado em determinados circuitos cerebrais.

A *pedagogia da arte da dúvida*. A arte da dúvida é uma ferramenta que leva o Eu a explorar, abrir o subsolo da psique e as áreas mais nobres da MUC ou região central da memória, e da ME ou regiões periféricas. Essa nobilíssima ferramenta leva o próprio Eu a questionar sua interpretação dos eventos da vida, reciclar suas verdades, revisar seus paradigmas, expandindo a complexidade do seu raciocínio.

Quem começar a usar sistematicamente essa ferramenta tem grande possibilidade, uma semana depois do seu uso, de expandir em pelo menos 20% o seu raciocínio multifocal/abstrato/indutivo. Faz-se necessário não apenas o Eu se autocriticar e se reciclar, mas também questionar-se de diversas formas sobre um assunto ou fenômeno antes de dar uma resposta.

Não basta ter cultura se, como eu disse, ela é inacessível para o Eu viciado em ler áreas estreitas da memória. Conhece pessoas cultas, mas que são pouco sociáveis, que não podem ser questionadas ou contrariadas? Ter empilhado milhões de "tijolos, cimentos, pisos" no córtex cerebral não quer dizer ser um bom engenheiro de pensamentos.

A pedagogia da crítica. Cultura geral é importante, e a arte da dúvida é excelente, mas é fundamental usar a técnica da pedagogia da crítica. A arte da dúvida alarga o território de leitura da memória, e a arte crítica refina o processo de leitura, processa os dados. A arte da dúvida abre o leque de possibilidades do pensamento, e a arte da crítica qualifica e organiza essas possibilidades. Essas duas artes são dois grandes papéis do Eu para reciclar o lixo acumulado na MUC e ajardiná-la, plantar flores no centro da memória que nutre a primavera emocional. A arte da dúvida amplia a produção de conhecimento, a crítica o elabora, o aplica e o leva mais longe.

A crítica nos tira da condição de espectadores passivos e nos transforma em atores do processo de construção das ideias. Certa vez dei uma conferência num congresso de pesquisa e ensino. Comentei com os alunos de graduação e pós-graduação que quem não aprender a desenvolver um raciocínio abstrato e multifocal/indutivo e não utilizá-lo para repensar suas verdades, o conteúdo dos seus livros e os ensinamentos dos seus professores terá grande chance de ser servo, e não construtor do conhecimento.

Estimulados pela preleção, muitos universitários e mestrandos vieram conversar comigo, dizendo que queriam um dia reciclar os paradigmas das universidades e alavancar o processo de formação de pensadores. Foi um bom começo. Alegrei-me com aqueles "rebeldes". Descobriram que, no brevíssimo palco da existência, se intimidar na plateia não é a atitude mais saudável. O Eu tem duas grandes responsabilidades históricas: reciclar a sua história e reciclar, tanto quanto possível, a história social.

CAPÍTULO 6

Os tipos de pensamentos

Os pensamentos dialéticos, antidialéticos e essenciais

As classes de raciocínio simples/unifocal, complexa/multifocal, indutiva, dedutiva e abstrata utilizam os tipos de pensamento para se expressar, se expandir ou se contrair. Os tipos ou formas de pensamentos são, portanto, um importante mecanismo de construção do Eu. Usá-los inteligente ou desinteligentemente traz uma série de consequências para a criatividade, solução de conflitos, capacidade de reação, qualidade das relações sociais e intrapsíquicas.

Algumas pessoas, inclusive intelectuais, podem estranhar a afirmação de que os pensamentos têm formas distintas. Imaginam que só existe um tipo de pensamento para ler, escrever, falar, se expressar. De acordo com a teoria da

Inteligência Multifocal, há três tipos de pensamentos: o pensamento essencial, o dialético e o antidialético.

Aqui mora uma das clássicas armadilhas que deformam a estruturação do Eu. Professores transmitem milhões de informações para que seus alunos aprendam a pensar, mas raramente tiveram a oportunidade de pensar sobre o material básico fundamental da educação, o próprio pensamento (classes, tipos, natureza), e o resultado do processo educacional, o Eu. Nesse processo, as chances de o Eu não ser bem formado são grandes; de não conhecer seus papéis vitais, são maiores ainda; e de não saber como intervir no seu psiquismo e nas relações socioprofissionais, também. Em minha opinião, a educação do século XXI exige essas respostas.

Brilhantes teóricos da psicologia, como Freud e Jung, usaram o pensamento como produto pronto para produzir conhecimento e desenvolver teorias sobre o processo de formação da personalidade, dos transtornos psíquicos e de aprendizagem. O que atualmente vem completar e atualizar essas e outras teorias é o estudo do processo de construção de pensamentos, sua natureza e formas. Quais são os limites, alcances e validade do conhecimento? Não estou me referindo ao levantamento de dados, análise e metodologia da pesquisa. Refiro-me aos fenômenos que edificam o conhecimento na mente do pesquisador, a validade desse conhecimento e as armadilhas que ele encerra.

O pensamento expressa a verdade? Essa é uma grande questão. E o que é a verdade? Essa é outra grande questão. O conhecimento que um psicoterapeuta produz sobre um paciente é a matéria-prima do próprio terapeuta ou do paciente? A psicologia é uma das mais belas ciências, mas faltou estudar os tijolos básicos que alicerçam toda a sua complexa produção de conhecimento, que são os próprios pensamentos. Errar nessa área é facílimo.

Perdi a conta de quantas vezes me perguntei "como penso?", "o que penso?", "que fenômenos constroem os pensamentos?", "qual sua natureza e validade?". Perdi a conta de quantas vezes fiquei confuso e me senti apenas um pequeno aprendiz com sede de conhecimento sobre o conhecimento. Foi e tem sido uma bela aventura. A melhor maneira de tratar o nosso orgulho não é tentar ser humilde, mas descobrir nossa ignorância. A humildade só é consistente com o reconhecimento concreto de nossa pequenez. Tive belas noites de insônia nesses 30 anos de produção teórica.

Usamos à exaustão uma matéria-prima que desconhecemos

Pais usam o pensamento como ferramenta fundamental para educar de acordo com sua cultura, religião, código de ética, experiência de vida. Executivos usam o pensamento para conhecer sua empresa, as limitações e vantagens competitivas dos seus produtos, o potencial dos funcionários. Mas provavelmente nem um, nem outro usa o pensamento para desvendar o próprio pensamento.

Doutores defendem teses, professores ensinam seus alunos, todos usam a cada instante os pensamentos. Mas sua natureza é real ou virtual? São produzidos de maneira pura ou sofrem inúmeras contaminações? Os pensamentos são confiáveis ou inconfiáveis? Podem ser usados para fundamentar a verdade ou são destituídos de realidade? O Eu incorpora a essência intrínseca do objeto pensado ou vive numa solidão insuperável? Questões vitais.

Embora este capítulo estude as formas ou tipos de pensamentos, e, no posterior, a natureza deles, gostaria de me antecipar e dizer que os pensamentos conscientes não são reais/concretos, mas virtuais. Usamos os pensamentos com uma alta taxa de confiabilidade, um *status* que eles não merecem. Eles, por incrível que pareça, não incorporam a realidade do objeto pensado. Além disso, são produzidos com múltiplas contaminações e, por isso, jamais poderiam ou deveriam servir como matéria-prima para fundamentar a verdade irrefutável. Afirmo, portanto, que tanto intelectuais como iletrados, tanto escritores como críticos literários, tanto professores como alunos, tanto líderes religiosos como fiéis, tanto psiquiatras como pacientes usam frequentemente o pensamento sem conhecer as inumeráveis armadilhas na sua forma, natureza e construção. Todos nós cometemos erros finos e grosseiros sem o saber.

Nenhum cozinheiro de bom-senso usaria matérias-primas que desconhece para fazer seus pratos. Mas o Eu, como cozinheiro da mente humana, desconhece as matérias-primas que utiliza para julgar, criticar, excluir, se irritar, dialogar, entender, sofrer, amar. Por desconhecer os instrumentos de navegação da aeronave mental, o Eu tem possibilidade de ser um piloto imaturo, e, por desconhecer as matérias dos nutrientes psíquicos, tem possibilidade de ser um mau cozinheiro do conhecimento.

Exemplo: o orgulho. Uma celebridade pode achar-se acima dos mortais, apenas porque está em evidência social. Um político pode acreditar que é dotado de poder apenas porque está na liderança social. Um multimilionário pode se considerar autossuficiente, achar que pode comprar o que quiser e que não precisa de nada nem de ninguém. Todos foram traídos pela sua superficialidade intelectual, por desconhecer que os pensamentos que financiam seu orgulho são irreais, produzidos por mecanismos que eles não controlam e contaminados por uma série de variáveis inconscientes. Só temos a tendência de ser deuses por desconhecermos o funcionamento da mente que nos torna humanos...

Se há uma área do conhecimento que pode mudar o modo como interpretamos a existência e enxergamos a nós mesmo é o processo de construção de pensamentos. Estudá-lo é fundamental para entendermos outro processo, o processo de formação de pensadores. Um pensador que "pensa como pensa" entenderá que as diferenças nos alicerces do psiquismo entre ricos e miseráveis, religiosos e ateus, intelectuais e alunos são mínimas.

As formas de pensamento

O pensamento dialético e o antidialético são as duas formas fundamentais de pensamentos conscientes. Cada um deles tem múltiplas subformas. Eles representam a matéria-prima primordial das mais variadas classes de raciocínio, das simples às complexas, das dedutivas às indutivas, das lógicas às abstratas.

Os pensamentos dialéticos e antidialéticos são os tijolos do conhecimento. Todo conhecimento que produzimos sobre nós mesmos, nossos medos, angústias, prazeres, intenções, segundas intenções, e sobre o mundo social, nossos filhos, amigos, atividades profissionais, bem como sobre nosso corpo e sobre o universo físico é expresso através dos pensamentos conscientes dialéticos e antidialéticos.

Há outro tipo fundamental de pensamento, o essencial. Ele é inconsciente e está na base da formação do pensamento dialético e antidialético. Na realidade, ele é o primeiro resultado da leitura da memória. Quando o Gatilho da Memória abre uma janela no córtex cerebral e posteriormente o Eu ou o fenômeno do Autofluxo a lê, o primeiro resultado que ocorre, em milésimos de segundos, não é a produção do pensamento dialético ou o antidialético, mas a do pensamento essencial. Antes de surgir um pensamento consciente que expresse medo ou alegria, lucidez ou estupidez, aparece o pensamento essencial, que é inconsciente.

O dialético e antidialético, como estudaremos, são virtuais, e o virtual não pode surgir ao acaso. Ele tem de ser produzido por uma base real, e essa base é o pensamento essencial. Como o mundo dos pensamentos é um assunto que geralmente suscita dúvidas, até mesmo quando dou aulas para alunos de pós-graduação, usarei uma metáfora que pode ser reveladora para explicar as formas de pensamentos. Imagine uma pintura contendo árvores, lago, casa e montanhas. O que representam nela os pensamentos essencial, dialético e antidialético?

O pensamento dialético é a descrição do quadro e o antidialítico é a forma das árvores, as dimensões e cores do lago, o estilo arquitetônico da casa, a anatomia das montanhas. Todo discurso, tese, síntese, sobre o quadro representa a classe dos pensamentos dialéticos. O pensamento antidialético, por sua vez, representa o corpo das imagens que contemplamos sem a descrição. É a arquitetura que "agride" e encanta os olhos, as nuances, as linhas gerais, o pano de fundo. Lembre-se de que o pensamento dialético é menos complexo e profundo que o antidialético. Ambos são as duas formas de pensamento consciente.

E o pensamento essencial, inconsciente, como é representado no quadro? É o pigmento da tinta, todas as moléculas e átomos que foram pincelados e impregnados na tela. A tela representa a psique, ou mente. O pensamento essencial gera o dialético e o antidialético.

O QUE SÃO E COMO SE FORMAM OS PENSAMENTOS CONSCIENTES?

O pensamento dialético é produzido na infância através do processo de mimetização ou cópia sistemática dos símbolos da linguagem, por isso pensamos à semelhança de uma "voz" inaudível. O fenômeno RAM tem de arquivar milhões de palavras para formar milhares de janelas na MUC. O Eu, paulatinamente, começa a utilizar os símbolos sonoros arquivados e a aplicá-los nas mais diversas situações tempoespaciais. Desse modo, a criança começa a pensar dialeticamente em seu psiquismo e pouco a pouco coordena o aparelho de fonação para se expressar verbalmente. Este aparelho se torna um mero instrumento para canalizar a complexa produção dialética de pensamentos.

Como o pensamento dialético é formado de um jogo de símbolos linguísticos lógicos e, portanto, reproduzíveis, tudo que se relaciona a ele tem também de ser um jogo de símbolos, caso contrário, neutraliza-se a compreensão. Por isso, os textos de leitura, o diálogo interpessoal, as atividades profissionais, a condução de um carro, a operação de um computador são tramas lógicas de símbolos. E as pessoas sem audição? Como se forma nelas o pensamento dialético? A sistematização do simbolismo ocorre pela linguagem dos sinais ou linguagem libras.

Aprender a ler é aprender a linguagem dos símbolos. Interpretar a leitura é outra história, depende de uma abertura muito maior de janelas da memória e entra na esfera do pensamento antidialético, a mais complexa forma de pensar. Há pessoas que repetem informações como computadores, parecem notáveis, mas são ingênuas, não inferem, não enxergam além dos fatos, nem têm qualquer flexibilidade para lidar com situações novas. Sabem pensar dialeticamente, mas não antidialeticamente.

O pensamento antidialético, diferentemente do dialético, surge espontaneamente no psiquismo sem a necessidade de intervenção educacional. A educação, entretanto, pode enriquecê-lo ou contraí-lo. E, infelizmente, como veremos, normalmente o contrai.

O pensamento antidialético, como o próprio nome indica, é antilógico, antilinguagem, antissimbólico. É o pensamento que alicerça as múltiplas formas de imaginação, percepção, intuição, abstração, indução, análise multifocal. Todos os pensamentos mais complexos precisam ter elevadas doses de pensamento antidialético, embora eles nunca se expressem adequadamente no palco da linguagem. Esse palco pertence ao pensamento dialético. As palavras não traduzem com justiça os conflitos e a dor psíquica. Por isso não é simples o tratamento psicoterapêutico. O paciente tem de traduzir o intraduzível. O senso comum sabe que mil palavras não traduzem uma imagem.

O pensamento dialético surge no útero social, mas o antidialético já está presente na mente do feto. Não há ainda imagens mentais, mas há um rico imaginário, induzido e estimulado através das leituras das janelas que contêm as experiências fetais. Quem lê essas janelas? Como vimos, os dois fenômenos inconscientes: Gatilho da Memória e Autofluxo.

Quando a criança nasce e começa a ter contato com o mundo das imagens físicas, o pensamento antidialético começa a ser excitado e estimulado por elas. Por isso nosso imaginário se traduz frequentemente por imagens mentais. Através do pensamento antidialético, imaginamos o futuro, resgatamos o passado, construímos personagens nos sonhos.

E as pessoas com deficiência visual total? Pensam por imagens? Elas também possuem um riquíssimo imaginário, embora este não seja estimulado pelas imagens físicas. O imaginário delas é fluido, multifocal, multiangular, surpreendente. Algumas pessoas cegas referem que até sonham colorido, sem nunca ter contemplado uma cor. Sua produção de pensamento antidialético pode ser mais rica do que os que têm a visão preservada, devido à poluição visual a que estes são submetidos. Hoje em dia, o excesso de imagens produzidas pela TV e pela internet pode comprometer e muito a criatividade.

Artistas plásticos, escultores, ficcionistas, costumam ter uma rica produção de pensamentos antidialéticos, para produzir sua arte mas nem sempre dialética. Por isso não é comum que sejam bons oradores. Pessoas tímidas, devido à sua introspecção, também têm frequentemente uma razoável produção de pensamentos antidialéticos, mas, diante de plateias, ocorre uma contração na produção dialética.

Um pensador

Toda vez que falamos, discutimos, descrevemos, estudamos, estamos usando o mais lógico e bem formatado dos pensamentos conscientes, o dialético. Embora seja o mais manipulável, não é o mais amplo e complexo dos pensamentos conscientes.

O processo de formação de pensadores exige a utilização não apenas do pensamento lógico-dialético, mas em destaque o antilógico-antidialético. A matéria-prima que diferencia mentes comuns de mentes brilhantes é o pensamento antidialético. Os pensadores, ainda que não tenham estudado as formas de pensamentos conscientes, aprenderam a usar intuitivamente o pensamento antidialético para enxergar por múltiplos ângulos os fenômenos que presenciavam, bem como para questionar seus paradigmas e as "verdades" científicas. Enfim, usaram-no para desenvolver o raciocínio multifocal/indutivo/dedutivo/abstrato.

Como é difícil explicar o pensamento antidialético, sua sofisticada imaginação, pois a explicação é frequentemente dialética, não poucos desses pensadores foram tachados de loucos, insanos, estranhos. Einstein não brilhou como aluno nem como professor universitário. Suas notas sem destaque e sua oratória frágil eram expressões solenes das dificuldades de produção dialética. Foi trabalhar numa firma de patentes para sobreviver, um lugar que poderia ser um cemitério para sua inteligência.

Mas algo que certamente já havia se iniciado antes aconteceu naquela firma de patentes: ali ele foi perturbado, instigado, provocado pelo pensamento antidialético. Seu Eu exercitava continuamente essa forma rebelde e transgressora de pensamento, embora não tivesse conhecimento científico dela. Saía das raias do pensamento linguístico e via-se sentado num raio de luz observando o que acontecia com o tempo e o espaço. Loucura? Sim, loucura de um Eu que libertou sua imaginação, "insanidade" de um pensador. Não é sem razão que ele intuitivamente acertou ao dizer que é mais importante a imaginação do que a informação.

Quem usa excessivamente o pensamento dialético tem grandes chances de repetir conhecimentos, aplicá-los, mas raramente de criá-los. Professores, executivos, arquitetos, psicólogos, médicos que são demasiadamente lógicos, dialéticos, contraem sua criatividade. Veem o mundo unifocalmente, e não multifocalmente. Libertar o imaginário é essencial em todas as atividades profissionais. Até nos romances. Casais excessivamente lógicos começam com beijos e flores e terminam digladiando-se num fórum.

É provável que Einstein, logo após ter-se formado, tivesse, em termos quantitativos, menos cultura de matemática e física do que a maioria dos físicos e matemáticos da atualidade. Não é a quantidade de tijolos que determina a beleza e sofisticação de uma construção, mas a inventividade de um engenheiro ou arquiteto. Com 27 anos, ainda imaturo, o jovem Einstein produziu os pressupostos básicos da teoria da relatividade.

Os erros da educação mundial

Usando a metáfora da pintura, o Eu não sabe exatamente como lê a memória, como os pigmentos de pinturas emocionais e intelectuais (pensamentos essenciais) são formados e como o pensamento dialético e o antidialético são construídos a partir deles, pois são processos completamente inconscientes. Apesar disso, manipula com uma destreza incrível fenômenos que estão além dos seus limites de compreensão.

Um exemplo. Tente sair de olhos vendados de onde está e, sem nenhum apoio, procure encontrar a casa de um amigo que está num bairro do outro lado da cidade. Realize essa tarefa sem esbarrar em nenhuma parede, carro ou pessoa. Uma tarefa quase impossível. Mas, então, como entramos na cidade da memória, que é mais complexa que todas as cidades juntas, e encontramos os endereços em bairros tão distintos dos tijolos que constituem nossos pensamentos? E como juntamos e reorganizamos esses tijolos em frações de segundos? Só não fica deslumbrado com essa cadeia de fenômenos quem nunca desenvolveu um raciocínio abstrato mínimo para penetrar em camadas mais profundas da sua mente.

Quem se arriscou a entrar em seu psiquismo ficará assombrado com a complexidade existente. Terá vontade de conversar com as pessoas nas ruas, explorar seu inimaginável mundo psíquico. Enxergarão que os mendigos, os doentes mentais, os anônimos sociais são seres humanos fascinantes, planetas incríveis a serem explorados. Você tem essa vontade? Apesar de ter dezenas de milhões de leitores e ser publicado em muitos países, jamais perdi essa vontade. Acho que cada ser humano esconde segredos admiráveis, mesmo quando tropeça, claudica e recua. Escrevi o livro *O Vendedor de Sonhos* com essa perspectiva. Conta a história de um multimilionário que perde tudo e sai à procura de si mesmo. Nessa trajetória, ele encontra os miseráveis da sociedade e fica simplesmente deslumbrado com cada um deles.

As mídias estão doentes, pois exaltam uma minoria em detrimento da complexidade da grande maioria. Induzem a formação de um Eu que se deprecia, perde a própria órbita e se torna facilmente manipulável. Os ditadores precisam do culto à celebridade, mas uma sociedade saudável precisa de mentes livres.

As escolas viciam o Eu na construção dos pensamentos dialéticos

A educação mundial, por desconhecer os mecanismos de formação do Eu e as formas do pensamento, vicia a mente das crianças com o mais pobre e restritivo deles, o pensamento dialético, ainda que seja importante para desenvolver o raciocínio lógico, realizar provas, se comunicar.

É possível que, se não trabalharmos a inteligência das crianças, elas percam a ousadia, a criatividade e até a espontaneidade. Muitos pais têm orgulho de falar sobre a imaginação e rapidez de raciocínio de suas crianças pré-escolares, mas, com o passar do tempo, silenciam sobre elas. Não veem mais sua notoriedade. Já observaram esse triste filme? Esses pais não notam que está ocorrendo uma contração do pensamento antidialético e uma substituição pelo dialético, diminuindo o imaginário.

O Eu controlado pela agenda escolar lógico-dialética, em especial a partir do ensino fundamental, asfixia o desenvolvimento das habilidades que são produzidas pelo pensamento antidialético e pelo raciocínio multifocal/abstrato, como a ousadia, o altruísmo, a flexibilidade, a autoconsciência, a resiliência. É uma perda irreparável.

Em tese, os professores e diretores de escolas não têm culpa desse processo. A culpa é das políticas educacionais que produzem uma grade curricular engessada, que desconhece a multifocalidade e multiangularidade das formas do pensamento e as classes de raciocínio. Com o objetivo de preparar seus alunos para receber um diploma e exercer uma profissão, eles utilizam o pensamento mais manipulável, formatado, fácil de examinar e fácil de reproduzir nas provas. Os mecanismos de formação do Eu ficam em segundo plano.

Claro que se devem transmitir as informações com maestria, ensinar as matérias fundamentais e preparar bem os alunos para uma profissão, mas jamais deveríamos abrir mão das técnicas pedagógicas que estimulam a formação do Eu imaginativo, criativo, livre, generoso, capaz de dar respostas originais em situações estressantes. Educar é, em primeiro lugar, formar um ser humano, em segundo, um profissional. Quem inverter essa ordem poderá comprometer o futuro da humanidade. E quantas escolas na Ásia, Europa, América, África e Oceania a invertem?

Ser os melhores alunos da classe nem de longe garante sucesso emocional, intelectual, social e profissional, pois são necessárias habilidades antidialéticas. Quem educa o pensamento antidialético pode formar não apenas um ser humano saudável e inteligente, mas também um profissional brilhante. O pensamento antidialético é uma fonte de produção de novas ideias, um manancial para a construção até do pensamento lógico-dialético.

Os professores devem se preparar didaticamente, reciclar seu conhecimento e teatralizar sua fala para poder encantar seus alunos, abrir as janelas da memória deles e provocar sua capacidade de concentrar e assimilar o conhecimento dialético. Mas é preciso avançar. A seguir enumerarei dez técnicas psicopedagógicas que são passíveis de serem aplicadas em sala de aula para estimular a produção do pensamento antidialético e expandir as melhores classes do raciocínio.

1. Estimular o debate de ideias e aplaudir as opiniões e a expressão do pensamento de cada aluno. A participação é tão ou mais importante do que o acerto das respostas.

2. Interromper por cinco a dez minutos a aula curricular uma vez por semana e contar um capítulo da história existencial dos professores. Falar das dificuldades, perdas e aventuras que viveram. Antes de serem mestres de uma área, os professores devem ser mestres da vida.

3. Contar as histórias dos pensadores durante sua produção de conhecimento, sua paixão pela ciência, rejeições e ousadias.

4. Estimular os alunos a contarem suas histórias, pelo menos aquilo que for possível. As três técnicas acima contribuem para construir uma plataforma de janelas light na MUC que estimula a produção do pensamento antidialético, que promove o processo de formação do Eu e alicerça o desenvolvimento da sociabilidade e da resiliência, que é a capacidade de administrar perdas e frustrações. Todo esse processo melhora indiretamente o rendimento intelectual dos alunos.

5. Transmitir o conhecimento, pelo menos em alguns momentos, de maneira lúdica e colocar música ambiente em volume baixo na sala de aula para diminuir os níveis de ansiedade e estimular o prazer de aprender. O conhecimento assimilado com "tempero" antidialético/emocional é arquivado de maneira privilegiada.

6. Ensinar usando metáforas: imagens, ambientes, paralelismos.

7. Estimular o Eu dos alunos a proteger a emoção: ensiná-los a se doar sem esperar excessivamente o retorno e a entender que, por trás de uma pessoa que fere, há alguém ferido.

8. Estimular o Eu deles a gerenciar seus pensamentos: ensiná-los a pensar antes de reagir e a expor, e não impor, as suas ideias.

9. Incentivá-los a olhar os fenômenos físicos, psíquicos e sociais por múltiplos ângulos, para ultrapassarem os limites do raciocínio unifocal e desenvolverem um raciocínio complexo/multifocal.

10. Estimulá-los a pensar como espécie, através do exercício de se colocar no lugar dos outros, é uma fonte excelente de pensamentos antidialéticos que financia os alicerces mais notáveis do raciocínio complexo/multifocal/indutivo/abstrato.

Essas técnicas, se exercitadas sistemática e cotidianamente, revolucionam o microcosmo da sala de aula, abrem o leque da inteligência dos alunos e estimulam o processo de formação de intelectos brilhantes.

Os educadores têm o futuro da humanidade em suas mãos, as crianças e os jovens. Têm a possibilidade de lavrar o solo de suas mentes, através de uma educação dialética/antidialética profunda, para que eles desenvolvam um Eu capaz de gerenciar a ansiedade, filtrar o estresse e ser altruísta para não adoecerem e serem tratados pelos psiquiatras/psicólogos, para não cometerem crimes e serem denunciados pelos promotores, para não "amarem guerras" e serem arregimentados pelos generais.

Como psiquiatra e pesquisador da mente humana, considero os professores tão fundamentais que me curvo diante deles. Não é exagero dizer que sem a educação e sem os educadores nossos oceanos emocionais não teriam porto, nossas primaveras sociais não teriam flores e nossas aeronaves mentais não teriam plano de voo.

A educação familiar é igualmente fundamental no processo de formação de mentes saudáveis. Mas estou particularmente preocupado que nessa sociedade altamente ansiosa e consumista a grande maioria dos pais não esteja conseguindo transferir seu capital intelectual/emocional para seus filhos. Transferir esse capital é transferir experiências existenciais básicas para a próxima geração, é transferir janelas light poderosas no psiquismo dos filhos que contenham ousadia, superação, garra, resiliência, autonomia, para que desenvolvam um Eu saudável e inteligente, capaz de sair da esfera de proteção de seus pais e construir sua própria história.

Para realizar essa transferência, os pais deveriam mudar sua agenda dialética, deixar de ser apenas um manual de regras de comportamento e se transformar num manual de vida e de educação antidialética. Deveriam cruzar seus mundos, falar das suas lágrimas para os filhos aprenderem a chorar as deles; deveriam abrir os textos da sua existência e falar das suas perdas, angústias e dificuldades para seus filhos entenderem que drama e comédia, sucesso e fracasso fazem parte da historicidade de cada ser humano.

Pais que conseguem transferir apenas sua herança e seu sucesso social e não seu capital intelectual/emocional têm grande chance de gerar filhos com um Eu imaturo, inseguro, destituído de ousadia e flexibilidade, que se tornarão dissipadores do seu sucesso e torradores da sua herança. O capital financeiro e o sucesso não têm grande durabilidade, mas o capital das ideias se renova ao longo da existência, cria raízes diante das tempestades e sobrevive a elas...

CAPÍTULO 7

A natureza virtual dos pensamentos

A SOFISTICADÍSSIMA NATUREZA DA CONSCIÊNCIA

Estudamos as classes básicas do raciocínio e os tipos ou formas dos pensamentos, agora estudaremos o mais complexo dos mecanismos de construção do Eu: a indecifrável natureza dos pensamentos e, consequentemente, da consciência existencial. A natureza dos pensamentos interfere muitíssimo no progresso, alcance, qualidade, maturidade, eficácia do Eu.

Qual a distância entre um pensamento dialético e antidialético e um objeto pensado? Entre, por exemplo, o que um pai pensa de um filho o que este realmente é? Fisicamente, a distância entre eles pode ser de alguns metros, mas em relação à natureza dos pensamentos ela é infinita, intransponível. Qual a distância que separa a mente de um psicólogo clínico da de um paciente depressivo? Suas poltronas podem ser separadas por um curto espaço, mas as duas mentes vivem em dois mundos completamente distintos. Os seres humanos vivem em universos paralelos por causa da natureza virtual da consciência existencial. Parece que entendemos as ideias, emoções, sonhos, pesadelos dos outros, mas o fazemos a partir de nós mesmos, pois vivemos em mundos mais distantes do que imaginamos.

Pais e filhos, professores e alunos, executivos e funcionários, psicólogos e pacientes vivem numa solidão muito maior do que acreditam ou sentem. Mas não me refiro à solidão social, à solidão do abandono físico ou do autoabandono, mas sim à solidão gerada pela natureza virtual dos dois tipos de pensamento consciente, o dialético e o antidialético. Chocante, mas poético. Espantoso, mas necessário.

Estamos próximos, mas infinitamente distantes das pessoas. A virtualidade dos pensamentos pode nos abalar, mas sem ela jamais seríamos uma espécie pensante, não desenvolveríamos uma consciência existencial tempoespacial, nunca resgataríamos o passado e menos ainda pensaríamos no futuro. Somente na esfera da virtualidade os pensamentos conscientes se libertam da realidade concreta e partem para as raias da imaginação.

Construímos nos sonhos ricos ambientes e personagens. Isso só é possível devido à natureza virtual e "plástica" dos pensamentos conscientes. O passado é irretornável, e o futuro é irreal, mas resgatamos o passado e nos alegramos ou nos culpamos com esse resgate, e construímos fatos futuros, e somos estimulados ou amedrontados com essa construção. E novamente essa habilidade só é possível pela fluidez indescritível da consciência virtual.

Se você fizer uma viagem e se afastar dos seus filhos e amigos, poderá recordar-se deles em seu psiquismo, lembrar-se de fatos e circunstâncias que viveram juntos. Se o pensamento tivesse a necessidade vital de incorporar a realidade do objeto no ato de pensar, não seria possível imaginá-los, porque seria preciso tê-los substancialmente na mente. A consciência virtual libertou o psiquismo humano para ter virtualmente as pessoas, se relacionar, conversar, recordar decepções e alegrias.

Se não houvesse essa liberdade criativa e essa plasticidade construtiva na esfera da virtualidade, não nos recordaríamos das pessoas que amamos, não sentiríamos saudade quando elas partissem, não viveríamos o aperto da solidão nem choraríamos. As lágrimas, sentimento de perda, mágoas, raiva, alegrias, amor, ocorrem porque há fascinantes diretores de cinema no estúdio de nossas mentes: o Eu, como diretor principal, e o fenômeno do Autofluxo, como diretor coadjuvante. Eles leem as inumeráveis janelas da memória e, na esfera da imaginação, criam dramas, romances e comédias fascinantes, ainda que, em alguns casos, perturbadores.

A esfera da virtualidade emancipou o psiquismo humano para pensar, criar, construir, mas também o aprisionou. A liberdade criativa e a plasticidade construtiva virtual trouxeram alforria para o imaginário humano, mas o colocaram numa grande armadilha. Como não temos a realidade do objeto pensado, podemos fazer diagnósticos completamente errados sobre eles. Como temos visto, podemos diminuir e minimizar ou até aumentar e maximizar o valor das pessoas. Podemos fazer análises, observações, julgamentos distorcidos. A esfera da virtualidade liberta o Eu, mas, paralelamente, exige que ele pense com maturidade para prevenir atrocidades.

O pensamento consciente, embora nunca atinja a realidade essencial do objeto pensado, pode se "aproximar" dele se, como vimos, o Eu desenvolver múltiplas habilidades, como raciocinar multifocalmente, expandir o pensamento indutivo/abstrato, refinar o pensamento antidialético, aprender a pensar antes de reagir.

Um psiquiatra/psicólogo jamais tocará ou incorporará a essência intrínseca dos ataques de pânico de um paciente. A dor, ansiedade e angústia desse paciente não se transferem pelo ar, não se comunicam pela sonoridade, nem se transportam pelo pensamento dialético/antidialético. O que se transfere é um sistema de códigos que tenta definir, conceituar e caracterizar o ataque de pânico, seus sintomas e as causas que financiam seu pavor diante da expectativa da morte, mas nunca sua realidade intrínseca. Ambos, terapeuta e paciente, estão em mundos paralelos que se comunicam virtualmente, mas nunca essencialmente.

EMBOSCADAS DA NATUREZA DOS PENSAMENTOS

Pensar parece tão espontâneo, mas é muito mais complexo do que imaginamos. Os pais e professores conhecem seus filhos e alunos a partir de si mesmos, e não a partir da realidade psíquica deles. Aqui há dois grandes problemas. Além da distância intransponível gerada pela sua natureza virtual, a sua construção do conhecimento dialético/antidialético está sujeita a inúmeras distorções, o que expande esse distanciamento. O processo de elaboração dos pensamentos está invariavelmente contaminado pelo nosso estado de estresse, ambiente social, emoções, motivações, cultura. A verdade, portanto, é inalcançável pelo mundo dos pensamentos.

Educadores que conhecem minimamente as armadilhas do ato de pensar julgarão menos e compreenderão mais, serão mais ávidos em abraçar e mais lentos para rejeitar, investirão não apenas nos alunos que tiram as melhores notas, mas também nos que têm péssimo desempenho, saberão colocar limites para formar mentes livres, e não servos para obedecer ordens.

Por que há tantas pessoas radicais nas sociedades modernas? Porque o Eu delas foi mal construído e, como tal, usa o ato de pensar com atributos que o pensamento jamais teve. O pensamento consciente é virtual, jamais incorpora a verdade essencial, mas as pessoas extremistas, fundamentalistas, preconceituosas, dão um *status* real ao pensamento virtual para excluir e ferir os outros. Essa é uma das maiores emboscadas em que o *Homo sapiens* cai ao longo do processo de formação da sua personalidade. Da próxima vez que virmos alguém fazendo julgamentos severos, excluindo pessoas, expressando intensa teimosia, não abrindo mão em hipótese alguma do que pensa mesmo diante das evidências do contrário, temos de ver neles defeitos graves na formação e no exercício dos papéis vitais do Eu.

O Eu que desconhece a natureza e os limites dos pensamentos conscientes pode utilizá-los como um deus. Nesse exato momento, há muitos neste belo planeta azul se matando, cometendo atos terroristas, discriminando povos e pessoas devido à péssima formação do Eu como gerente da construção de pensamentos. Entretanto, nenhum trauma, crise, perda, privação e, consequentemente, nenhuma zona de conflito justifica matar, ferir, destruir os outros. O Eu, mesmo tendo tido um ambiente horrível na infância e na adolescência, tem habilidades básicas que poderiam e deveriam levá-lo a atuar como autor da sua história, se reciclar, se reconstruir, se reinventar. Mas ele nem sempre exerce essas habilidades.

Há jovens que cresceram em ambientes agressivos e se tornaram generosos e outros que cresceram em ambientes generosos e se tornaram agressivos. Esses paradoxos não se devem apenas à carga genética, ao ambiente educacional ou às janelas que foram formadas na memória central e periférica, mas também à atuação do Eu como gestor psíquico. Os computadores jamais experimentarão esses paradoxos, ainda que desenvolvam uma inteligência artificial notável. Por quê? Porque não têm e nunca terão um Eu.

Como aproximar os mundos psíquicos

Nada é tão inteligente como quando, em vez de apontar rápida e rispidamente a falha de alguém, procuramos ampliar a área de leitura da memória, expandir as dimensões do raciocínio e procurar entender quem falhou, como falhou, por que falhou, em que circunstância falhou, que emoções sentia no momento da falha, qual seu grau de consciência sobre as consequências de seus comportamentos. Nas relações sociais, deveríamos sair das raias do raciocínio simples/unifocal e caminharmos na pista da produção mais nobre do raciocínio complexo/multifocal. A virtualidade dos pensamentos exige uma maratona.

Romances são destruídos pelo excesso de confiança do Eu em julgar, apontar erros, excluir. Homens e mulheres não têm consciência de que pensar é um processo virtual e, por causa disso, usam seus pensamentos para invadir e controlar seu parceiro ou sua parceira. Relações entre pais e filhos são debilitadas porque grande parte das correções que os pais fazem é destituída de um raciocínio mais elevado. Um educador brilhante sabe que nunca atingirá a realidade essencial dos seus filhos e alunos, mas, apesar dessa gritante limitação, poderá encantá-los com gestos, diálogos, sensibilidade, elogios. Poderá plantar janelas light duplo P que alicerçarão o Eu dos seus educandos.

Quem tem consciência da virtualidade dos pensamentos e seus processos construtivos é muito mais cuidadoso em julgar. E não apenas isso, é mais habilidoso em se proteger. Sabe que entre nós e os outros existe uma barreira invisível, virtual, que o Eu desconhece e, por desconhecê--la, não a utiliza. Nenhuma ofensa, decepção, traição, provocação pode nos atingir, a não ser que permitamos, pois os mundos psíquicos não se comunicam essencialmente. E essa permissão advém de uma interpretação ingênua que incorpora a realidade a partir da virtualidade.

Se me sinto ferido, chateado, angustiado pelo comportamento do outro, não foi o outro que invadiu minha emoção, pois ele emitiu pensamentos virtuais através de suas palavras e gestos, que não têm esse poder. Fui eu mesmo que construí minha mazela emocional. A raiva, o ódio, o ciúme, a inveja não se transportam essencialmente pelos códigos linguísticos e visuais, precisam da cumplicidade do processo de interpretação do hospedeiro para se aninhar. Se alguém o ofender muitíssimo numa língua que você desconhece, não ficará perturbado, a não ser pelos gestos e pela tonalidade da voz.

O Eu que desconhece a barreira de proteção virtual paga caríssimo pelas frustrações causadas pelos outros. Algumas pessoas nesse exato momento estão querendo matar seu ofensor ou morrer porque foram humilhadas, sem saber que toda dor que estão sentindo foi criada por elas mesmas.

Aprender a não gravitar na órbita dos outros é fundamental para ter uma mente livre. Até psicólogos bem treinados podem se deixar invadir de maneira angustiante pelos seus filhos, parceiro(a), amigos. Reitero, ninguém tem o poder de nos ferir, a não ser que permitamos ou que haja lesão física. A virtualidade dos pensamentos nos liberta e nos protege, mas não sabemos usar essa proteção.

Se o Eu dos professores em todas as escolas do mundo fosse equipado com esse conhecimento, eles resolveriam com muito mais facilidade os conflitos em sala de aula. Diante de um aluno que o agride, em vez de agir unifocalmente pelo fenômeno ação-reação, ele se protegeria e o surpreenderia com um raciocínio complexo, tal como "Apesar de ter me decepcionado, eu aposto em você. Você não é mais um número na classe. Mas um ser humano único e com grande potencial para se superar".

Além de se preservar, o professor provocaria o psiquismo do aluno agressor, estimularia o fenômeno RAM a arquivar janelas light duplo P nas regiões mais nobres e centrais da memória dele, e estas estruturariam o processo de formação da personalidade do aluno, formariam uma mente saudável e altruísta. Um educador que conhece os mecanismos de funcionamento da mente e os utiliza poderia prevenir suicídios, homicídios e a formação de psicopatas.

Infelizmente, encontrei alunos traumatizados por alguns de seus professores a ponto de não conseguir fazer provas, ler em público e expressar suas ideias com liberdade e conforto.

A VIRTUALIDADE, AS VARIÁVEIS E A VERDADE

Vamos retornar à metáfora da pintura. Imagine que ela tenha uma bela paisagem. As imagens das nuvens, lago, montanhas, representam pensamentos antidialéticos, e toda descrição ou discurso sobre sua estética, feito por admiradores ou por críticos, representam os pensamentos dialéticos. Diante disso, pergunto: o que é essencialmente real? A contemplação das imagens, as descrições feitas por admiradores ou as críticas realizadas por especialistas? Nenhuma.

De fato, não há nuvens, lagos e montanhas, nem as descrições são verdadeiras. Mas críticas bem fundamentadas não são reais? Depende do que definimos como verdade ou realidade. Se a realidade tiver o significado de verdade irrefutável, de natureza concreta do objeto descrito ou pensado, as descrições e críticas jamais serão reais. Os únicos elementos reais são os pigmentos da tinta e a estrutura do quadro. Nessa metáfora, os pigmentos da tinta, como comentei no capítulo anterior, representam o pensamento essencial, que é inconsciente, e o quadro representa a mente humana. Por ser substancial, é o pensamento essencial que fundamenta a produção dos pensamentos conscientes e virtuais, sejam eles dialéticos, sejam antidialéticos.

Não sabemos como ocorre esse processo no inconsciente. Os pensamentos essenciais funcionam como matrizes ou como pista de decolagem para os pensamentos conscientes se libertarem. Quando assistimos a um filme, não temos a consciência das ondas eletromagnéticas, mas apenas dos personagens e ambientes criados a partir delas. Nessa metáfora, as ondas representam o pensamento essencial, e os personagens e suas falas, os pensamentos conscientes.

Os pensamentos dialéticos, por mais criteriosos que sejam, são sistemas de intenções que tentam conceituar, definir, teorizar, esquadrinhar o objeto pensado, mas jamais atingem a sua realidade. Nenhuma tese, postulado ou informação, por mais científico que seja, é essencialmente verdadeiro. Entretanto, se as informações foram produzidas com pesquisas, metodologia, análises de dados e sistemas comparativos, poderão ser consideradas verdades científicas, portanto, passíveis de verificabilidade e de aceitabilidade universal. Mas, independentemente de todos os critérios, se estudarmos a natureza e a lógica da construção do conhecimento, saberemos que a verdade científica não é a verdade essencial, absoluta, eterna.

Esses dias, um amigo, professor de medicina, brilhante cirurgião, especialista em transplante de pâncreas, disse-me que a verdade na sua área de conhecimento muda com muita rapidez. Excetuando a matemática, a verdade irrefutável é um fim inatingível na ciência. Um ser humano que conhece os mecanismos de formação do Eu e as limitações do pensamento consciente sempre será um democrata das ideias, sempre estenderá a mão aos que pensam diferente dele. Há muitos pequenos ditadores nas empresas, escolas, sociedades, porque eles desconhecem o funcionamento da mente e os mecanismos que constroem o Eu.

Jamais uma tese ou crítica jornalística, política, literária, artística, tem caráter verdadeiro. Muitos críticos estão despreparados para exercer a crítica. Ainda que sejam peritos na sua área de atuação, carregam nas palavras, agem como pequenos deuses que hasteiam a bandeira da verdade. Toda crítica deveria conter obrigatoriamente essas expressões técnicas: "eu penso", "eu creio", "em minha opinião". Caso contrário, jornais e revistas serão autoritários mesmo em sociedades democráticas. E não poucas vezes o são, ainda que não intencionalmente.

Os críticos deveriam saber que seus textos, além de contaminados pelo momento histórico, cultural, emocional, são fundamentados na realidade virtual e não na realidade essencial do objeto criticado. Ainda que não perceba, o crítico fala muito mais de si mesmo do que do objeto que descreve, seja este um filme, um livro, ou uma obra de arte.

Ambos vivem solitariamente. Entre um crítico e o objeto criticado há um antiespaço virtual que só pode ser "aproximado" com critérios inteligentes e alicerçados na democracia das ideias. Mas em que faculdade de jornalismo se ensinam as armadilhas do pensamento e os papéis fundamentais do Eu?

Essas armadilhas ocorrem em todas as esferas profissionais, em destaque aquelas em que há um trabalho intelectual intenso e saturado por altos níveis de estresse. Lembro-me de que um diretor de uma grande companhia de petróleo me pediu que orientasse seu time de geólogos. Por estarem apreensivos e quererem se destacar na companhia, alguns deles gastavam mais de 50 milhões de dólares para perfurar um poço com baixa probabilidade de conter petróleo. O Eu, sob as labaredas da ansiedade, pode dar um caráter real ao pensamento virtual.

O Eu não é virtual, mas um fenômeno real, concreto, tal como a emoção ou os demais fenômenos que leem a memória. Mas, como centro consciente da psique, como gestor da mente humana, ele usa o pensamento virtual para conhecer a si e ao mundo e para se expressar. O problema ocorre quando o Eu, desconhecendo a natureza dos pensamentos, dá um crédito fatal a eles. Uma barata pode se transformar num monstro, embora seja "inofensiva". Um avião pode ser perturbador, embora estatisticamente seja o meio de transporte mais seguro.

Certa vez, uma mulher que amava muito seu parceiro brincou com a sexualidade dele, disse que ele não era "homem". O Eu dele, emocionalmente imaturo e machista, sentiu-se profundamente ofendido, deu crédito fatal à brincadeira da mulher e procurou se vingar dela. Traiu-a. E contou por que a traiu. Transformou uma relação razoavelmente estável numa relação conflituosa, à beira da falência.

Há muitas pessoas que têm uma idade emocional atrasada em relação à sua idade intelectual. Intelectualmente, elas têm 25, 30, 40 ou 50 anos de idade, mas, emocionalmente, não passam de adolescentes. Tudo ocorre às mil maravilhas no campo da razão, mas, quando adentram o terreno da emoção, afundam-se. Possuem, em muitos casos, um bom raciocínio lógico, mas não sabem ser contrariadas, criticadas, sofrer perdas, frustrar-se ou decepcionar-se.

O Eu comete erros grosseiros quando se torna um menino para administrar os focos de tensão no campo afetivo, social e profissional. Nesses focos, constrói crenças falsas e toma atitudes inadequadas. Gerenciar a ansiedade é fundamental para fazermos escolhas inteligentes. A ansiedade tem nos deixado em débito nas relações sociais, débito de generosidade, compreensão, paciência, tolerância. Não conheço uma pessoa que não tenha tais débitos com aqueles que mais ama. E não poucas têm um débito enorme consigo mesmas, têm uma péssima relação com seu próprio ser.

CAUSAS DA SOCIALIZAÇÃO

Quais as causas da nossa socialização? Por que o *Homo sapiens* não consegue viver só? Porque o ser humano não se isola. Mas os autistas não se isolam? Sim, mas não porque querem, e sim porque os mecanismos de construção do seu Eu estão comprometidos. Por terem um deficit na atuação do fenômeno RAM e, consequentemente, um deficit na formação da MUC e da ME e, consequentemente, um deficit na contração da construção de pensamentos, imagens mentais e fantasias a partir do fenômeno do Autofluxo, se produz também um deficit na formação do Eu e de suas pontes sociais.

O resultado é um isolamento social, com aumento dos níveis de ansiedade, expresso por movimentos repetitivos. Se o córtex cerebral de uma criança autista estiver preservado, podemos usar a técnica da teatralização da emoção constantemente para desbloquear a atuação do fenômeno RAM, superelogiando cada gesto positivo ou demonstrando entristecimento quando a criança nos decepciona (mas sem jamais usar a punição). Essa técnica, se repetida diariamente diversas vezes por todas as pessoas que têm contato com a criança autista (é decepcionante porque muitas não colaboram), pode contribuir para formar um *pool* de janelas na MUC capazes de estimular o fenômeno do Autofluxo, promover, ainda que com limites, a construção do Eu e financiar pontes sociais razoáveis.

Excetuando doenças como a dos autistas, o ser humano é marcadamente um ser social. Mas os anacoretas, budistas, monges não se enclausuram? Sim, eles se enclausuram para fins místicos. E, ainda que não convivam com ninguém fisicamente, convivem com muitos personagens construídos em seu psiquismo. Criam, inclusive, complexas situações sociais em seu imaginário.

E os pacientes psicóticos, eles não se isolam? Não. A não ser que tenham uma depressão gravíssima, catatônica, em que seus pensamentos são embotados. Frequentemente, os pacientes em surto psicótico têm uma "riquíssima socialização" em seu psiquismo, mesmo que perturbadora. Ainda que tenham perdido os parâmetros da realidade, constroem em seus delírios e alucinações múltiplos personagens para romper o cárcere da solidão social da consciência virtual.

Há três grandes causas que financiam a socialização humana, e elas alicerçam quatro tipos de solidão. Vou comentar sinteticamente essas causas e me ater neste livro aos tipos de solidão. A primeira causa da socialização envolve as necessidades afetivas, a busca de proteção e a promoção da sobrevivência. Há inumeráveis causas nessa primeira classe e levantá-las é um raciocínio de mediana não de alta complexidade. A cooperação social, as atividades profissionais e as relações interpessoais reforçam os mecanismos de recompensa: prazer, segurança, proteção, troca.

A segunda grande causa da socialização humana se deve às matrizes de janelas na MUC (centro consciente da memória) e na ME (periferia inconsciente) que fundamentam a arquitetura, a representação e, consequentemente, a importância das pessoas. Não nos relacionamos com as pessoas apenas porque elas existem e são concretas, mas também porque estão representadas e têm significados em nossa memória. Se um pai precisa aumentar muito o tom de voz para se fazer ouvir é porque sua "imagem" foi malformada nos solos da memória dos seus filhos. Se tivesse sido bem formada, um tom de voz brando bastaria para obter um grande impacto emocional.

Professores que precisam gritar ou se esgoelar em sala de aula para serem ouvidos também não foram bem construídos na MUC e ME dos seus alunos. As pressões, as ameaças de punição, as comparações de um aluno com outro, usadas por muitos mestres, são reflexos da debilitada arquitetura desenhada no psiquismo dos seus educandos. Não há dúvida de que nesses tempos modernos, pautados pela intensa ansiedade decorrente da síndrome do pensamento acelerado, pelo consumismo e pelo excesso de atividades, é muitíssimo difícil realizar esse desenho psicoarquitetônico.

Falando especificamente sobre a MUC, ela é a área mais importante para subsidiar os raciocínios corriqueiros usados nas relações sociais diárias, tanto unifocais (lógico-lineares) como multifocais, abstratos, indutivos e dedutivos. Para desenvolver o raciocínio matemático, acadêmico, o Eu usa determinados grupos de janelas que estão agrupados no córtex, mas para um raciocínio interpessoal exige leituras multifocais.

Algumas pessoas são ótimas para desenvolver um raciocínio lógico/linear, mas não sabem interpretar sentimentos, perceber a dor dos outros. Outras são excelentes para tecer críticas políticas, mas são inábeis em tecer críticas interpessoais e construir relações saudáveis. Elas não conseguem encantar, envolver e influenciar seu parceiro(a), filhos, amigos, colegas de trabalho porque têm uma "MUC social" reduzida.

As pessoas autoritárias, inseguras, desconfiadas, portadoras de complexo de inferioridade são frequentemente vítimas de uma MUC social contraída. Não poucas delas têm altíssima cultura acadêmica na MUC, são ilibados médicos, advogados, executivos, engenheiros, mas sempre enfrentam conflitos nas relações sociais. Não possuem uma quantidade de janelas saudáveis para subsidiar a capacidade de elogiar, se doar, reconhecer erros, pedir desculpas, expressar suas intenções claramente, captar sentimentos, promover quem está ao seu redor, mas é possível se reconstruir.

As pessoas gravemente tímidas, devido à contração da "MUC social", têm uma socialização fragilizada e frequentemente vendem mal a própria imagem. Muitas são pessoas humildes, afetivas, preocupadas com a dor dos outros, mas passam a imagem de orgulhosas, insensíveis e alienadas. Fazer terapia, teatro, curso de oratória pode ajudá-las muito. Mas poderão dar um salto na sociabilidade de seu Eu se treinarem diariamente a arte de perguntar ("Você precisa de algo?"; "O que posso fazer para ajudá-lo?"; "Machuquei-o de alguma forma?"), a arte de dialogar sobre suas experiências e a arte de elogiar.

Os mecanismos de construção global da memória representam a segunda grande classe das causas que financiam a socialização do *Homo sapiens*. Levantar essas causas e compreendê-las é um raciocínio de densa complexidade multifocal.

A terceira grande classe de causas da socialização se deve à solidão social paradoxal da consciência virtual. Aqui se exige um raciocínio de altíssima complexidade. Em primeiro lugar, por que solidão paradoxal? Porque de fato é um paradoxo, um contraste: estamos fisicamente próximos das pessoas, mas infinitamente distantes delas.

Por serem virtuais, os pensamentos conscientes, sejam dialéticos, sejam antidialéticos, produziram uma inimaginável solidão. Estamos socialmente sós, sempre sós, invariavelmente sós, mesmo que rodeados de milhares de pessoas. Não temos consciência dessa solidão, mas sentimos suas labaredas a cada instante. Produzimos milhares de pensamentos, criamos personagens nos sonhos e no estado de vigília, construímos inumeráveis relações interpessoais, enfim, somos marcadamente seres sociais como tentativa constante de superar a barreira da consciência virtual, transcender a comunicação mediada dialética.

Pais e filhos, professores e alunos, casais, amigos se relacionam frequentemente não apenas para satisfazer as necessidades afetivas, de cooperação social, sobrevivência ou porque têm sua representação arquivada na sua memória, mas também para romper as barreiras e superar a dramática distância imposta pela consciência virtual. Temos consciência virtual deles, mas não temos sua realidade concreta, sua essência. Lembre-se da metáfora do quadro. Temos a imagem antidialética e a descrição, a definição e o conceito dialético, mas não os pigmentos da tinta. Por mais próximos que estejamos deles, ainda estamos em universos paralelos, virtualmente separados. Não estranhe esta frase, mas reflita sobre ela: a impossibilidade da incorporabilidade da substancialidade psíquica dos outros pela racionalidade na esfera da virtualidade produz mundos paralelos, onde estamos próximos e infinitamente distantes.

Como esse assunto é de extrema complexidade, vou discorrer agora sobre os quatro tipos de solidão para explicá-los melhor. Embora os dois primeiros tipos de solidão –

a solidão social e o autoabandono – também ocorram pela barreira da consciência virtual, os dois últimos a atingirão frontalmente.

QUATRO TIPOS DE SOLIDÃO EXPERIMENTADOS PELO *HOMO SAPIENS*

Há quatro tipos de solidão psicológica, sociológica e filosófica. Dois estão ligados ao estado de abandono: a solidão em que os outros nos abandonam e a solidão em que nós mesmos nos abandonamos. E os outros dois tipos de solidão estão relacionados à natureza dos pensamentos dialéticos e antidialéticos: a solidão social da consciência virtual e a solidão intrapsíquica da consciência virtual.

O primeiro tipo de solidão advém da dor de ser abandonado por amigos, colegas, parentes, parceiros(as), filhos. Essa solidão é intensa e cálida e, embora ocorra a partir do comportamento dos outros, é sempre construída em última instância por nós mesmos. Sentir-se excluído, preterido, colocado em segundo plano asfixia o prazer de viver.

Doar-se e não ter o retorno, amar e não ser correspondido, se entregar e ser traído são experiências que confeccionam uma dor emocional dramática, principalmente se o Eu se colocar como vítima, como o mais desprivilegiado dos seres. Há mulheres que têm seu parceiro como um deus. Perdê-lo é como perder o ar que respiram e o sentido que impele sua existência. Um Eu autônomo, ainda que sofra o drama da solidão social, jamais gravita na órbita dos outros, jamais perde sua liberdade em função de algum abandono.

A segunda trata da solidão do autoabandono. É a solidão do Eu que desiste de si mesmo, que se entrega ao seu pessimismo, conformismo, morbidez, humor depressivo, fobia social, agorafobia, obsessão, impulsividade, timidez grave. Essa solidão é muito mais angustiante do que a social, e pode ser um estágio mais avançado dela. Se o mundo me abandona mas eu não me abandono, a solidão é suportável; mas, se as pessoas me rejeitam e eu também me desprezo, a solidão é intolerável.

Pessoas cronicamente deprimidas podem se autoabandonar por acreditar que estão condenadas a viver miseravelmente, que jamais resgatarão o prazer de um viver estável e duradouro. Do mesmo modo, pacientes portadores de síndrome do pânico, anorexia nervosa, transtorno obsessivo, farmacodependência e outros transtornos que se arrastam durante anos poderão entrar na esfera da inércia e se autoabandonar. Há pessoas que têm dois ou três fracassos profissionais e se abandonam, acham-se incapazes e programados para o derrotismo. Há outras que passaram por uma sequência enorme de fracassos, mas não desistiram dos seus sonhos nem chafurdaram na lama do conformismo.

O Eu que se autoabandona tem crenças terríveis e falsas, entre as quais a de que esgotou o leque de tentativas de superar seus conflitos e não encontrará dias felizes. A pior doença não é a doença do doente, mas o Eu do doente. Por mais grave e crônica que seja uma doença, o Eu tem potencial para reeditar o filme do inconsciente, reorganizar as janelas traumáticas poderosas e reescrever sua história.

O terceiro tipo de solidão trata-se de uma experiência mais íntima, incompreensível e impactante. É a solidão da consciência virtual. Como comentei, entre nós e o mundo social e físico existe um espaço insuperável. Vivemos em mundos paralelos que se comunicam virtualmente.

Por que o *Homo sapiens* desenvolveu o ato de beijar? Porque ele descobriu intuitivamente que os beijos vencem a barreira da virtualidade e nos colocam diretamente em contato uns com os outros. Ao longo das gerações mudam-se as roupas, a maneira de falar, de se expressar, de interpretar, mas o beijo, esse ato antiquíssimo, jamais caiu ou cairá em desuso. Os beijos, os abraços, os toques, as carícias e as relações sexuais rompem a barreira da virtualidade dos pensamentos conscientes e nos colocam em contato físico direto com as pessoas.

A consciência de que pensamos e somos um ser único no teatro da existência é a maior conquista da mente humana. Mas essa consciência, por ser virtual, nos afastou de tudo e de todos. O pensamento virtual, por um lado, libertou o nosso raciocínio e o nosso imaginário, por isso podemos sonhar, criar personagens, imaginar o futuro, mas, por outro, nos colocou numa tremenda solidão.

Todas as relações que construímos ou criamos em nosso psiquismo têm por objetivo superar a solidão paradoxal da consciência virtual. De acordo com a teoria da Inteligência Multifocal, o ser humano não é um ser social apenas porque ele é educado para sê-lo, pelas necessidades afetivas, de cooperação e sobrevivência, nem somente pelo *pool* de experiências arquivadas no córtex cerebral ao longo do processo de formação da personalidade, mas sim pela ansiedade vital intrínseca e inconsciente de romper o cárcere da virtualidade da consciência.

Pessoas casam-se e separam-se diversas vezes, mas não deixam de fazer uma nova tentativa de se relacionar. Que ser humano é este, que sabe que construir relações lhe dá muitas dores de cabeça, mas ainda assim nunca deixa de construí-las? Compreender as causas dessa solidão é um raciocínio complexo/multifocal/indutivo/abstrato.

Reis precisam de bajuladores, e bajuladores precisam de reis. É desgastante frequentar estádios, clubes, cidades superpopulosos, mas isso movimenta a emoção e dá prazer. Os adolescentes se atritam, e as crianças se engalfinham, mas vivem frequentemente grudadas umas às outras.

O excesso de atividade, de informação, de consumo, pode expandir excessivamente os níveis de ansiedade, que, por sua vez, expande a insatisfação gerada pela solidão da consciência virtual. Relaciona-se muito, mas se tem migalhas de prazer.

Quem gerencia seus pensamentos, dialoga, abraça, elogia, se doa, brinca, tem muito mais possibilidades de superar a solidão social da consciência virtual e, consequentemente, tem mais habilidade de superar a solidão social gerada pelas decepções, perdas, rejeições, traições, abandonos. Quem não exige muito dos outros nem de si tem muito mais versatilidade e relaxamento nesse processo.

De outro lado, quem fica ensimesmado, isolado, entrincheirado em sua insegurança, com medo de falar de si mesmo, com dificuldade de se entregar e dividir seus sentimentos, pode viver níveis mais dolorosos da solidão da consciência virtual. Mas há exceções, em especial se tais pessoas amarem as artes, a escrita, a música, enfim, se tiverem atividades que compensem as trocas sociais.

Escritores, por mais incomuns que sejam, libertam seu imaginário não apenas para construir protagonistas de suas tramas, mas também para se entreter com sua própria história. Samuel Beckett era antissocial, mas seus personagens e a projeção do seu próprio Eu nesses personagens de alguma forma o socializavam. Essa fascinante e inimaginável solidão faz com que nosso Eu simplesmente não consiga viver só. Um processo maravilhoso e completamente inconsciente.

É a primeira vez que toco nessa produção de conhecimento. Desenvolvi-a sistematicamente há mais de 15 anos e, por ser difícil traduzi-la, só agora, no meu 30º livro, a abordo. No tópico seguinte, discorrerei sobre o quarto tipo de solidão, a solidão virtual do Eu. Vimos que a consciência virtual produz a solidão social e uma procura desesperada pelo outro, agora precisamos ver que ela também produz a solidão do Eu em relação a si mesmo.

A SOLIDÃO DO EU

A consciência virtual não apenas nos distancia irremediavelmente do mundo em que estamos, mas também do mundo que somos. Tudo o que pensamos sobre nós mesmos é um sistema que conceitua, define e tenta caracterizar-nos, mas nunca alcança a nossa realidade intrínseca, em destaque a emoção. O Eu está virtualmente distante das pessoas que o circundam, mas, quando usa o pensamento para pensar em si mesmo, também o está. Esse é o quarto tipo de solidão enfrentado pelo *Homo sapiens*, essa espécie incrivelmente complexa, e dramaticamente solitária. Apesar de todas as consequências, felizmente somos assim.

O pensamento consciente é virtual, mas a emoção é real, substancial, concreta. Não importa como a pensamos e interpretamos, ela é sempre real, sentida, vivida, experimentada. Uma pessoa pode ser um brilhante psicólogo ou psiquiatra, pode analisar com critério e maturidade seus medos, alegrias, dinâmica emocional, mas nunca seus pensamentos alcançarão a sua realidade emocional. Pode pesquisar os fenômenos que constroem os próprios pensamentos, esquadrinhar a história da formação da sua personalidade e mapear todas as suas janelas e zonas traumáticas, mas haverá sempre um antiespaço entre seu pensamento e sua essência.

Entre o que somos e o que pensamos ser há uma barreira virtual paradoxal. Estamos próximos e infinitamente distantes de nós mesmos. Mas isso não é angustiante? Depende. Sem o antiespaço produzido entre o "pensar e o ser", entre o "Eu e sua essência", não teríamos uma ansiedade vital, que é saudável, normal e fundamental para movimentar a construção de pensamentos essenciais, dialéticos, imagens mentais, emoções. Sem essa ansiedade primordial, não seríamos eternos buscadores de nossas origens. Sem ela, não teríamos sede de conhecimento, não desenvolveríamos um raciocínio abstrato, não nos interiorizaríamos.

Os astrônomos procuram a origem do universo, os biólogos pesquisam os genes para procurar a origem das células, os químicos procuram as partículas subatômicas, os psicólogos procuram a origem do processo de formação da personalidade, os ateus procuram teses para explicar a origem da vida, os religiosos procuram Deus para explicar a origem da existência. Quem controla essa busca ansiosa? NINGUÉM. O ser humano vive uma busca incansável de si mesmo e de suas origens. E isso é uma inevitabilidade, e não um sinal de fragilidade. Dentre todas as causas que poderiam explicar essa busca pelas origens, a fundamental é que há um antiespaço entre a consciência virtual e o mundo em que ela se conscientiza, entre o pensamento e o objeto pensado.

O Eu é essencial, real, concreto, mas entende o mundo e se entende, interpreta o universo social e o universo psíquico, por meio do pensamento virtual, o que cria um antiespaço e gera uma fascinante e necessária ansiedade vital. Mas essa ansiedade vital, se não for gerenciada pelo Eu, assume contornos doentios.

A ansiedade vital só entra nos patamares doentios quando nos entulhamos com os excessos: excesso de preocupação, de informação, de atividade, de pensamentos sobre o futuro, de ruminação do passado, de supervalorização do que os outros pensam de nós, de necessidade de estar em evidência social. Infelizmente, a sociedade dos excessos nos conduziu a desenvolver uma ansiedade coletiva doentia. O anormal é beber na fonte da tranquilidade, e o normal, na fonte da ansiedade.

Muitos sentem um vazio existencial inexplicável, mesmo sendo reconhecidos socialmente ou estando debaixo dos holofotes da mídia. Outros não se sentem realizados, mesmo sendo muito produtivos. Milhões de jovens, insatisfeitos em seu psiquismo, projetam essa insatisfação num consumismo desesperador. Quanto mais consomem, menos prazeres têm. Mulheres, mesmo estando dentro do padrão tirânico de beleza imposto pela mídia, sempre colocam defeitos no próprio corpo.

Há muitas pessoas que se sentem solitárias mesmo em meio a multidões, aplausos, assédio, brilho social. E não conseguem entender por que se sentem assim. O problema não é só a *solidão social* paradoxal da consciência virtual, mas a *solidão intrapsíquica* paradoxal da consciência virtual. Um mapeamento analítico de sua história não detecta traumas, conflitos, janelas killer que justifiquem sua penetrante solidão.

Eles procuram fora o que deveria ser encontrado dentro de si. Não usam a solidão da consciência virtual a seu favor, não se procuram com inteligência, não tornam seu Eu um engenheiro criativo de ideias e autodiálogos, capazes de nutrir uma relação poética e romântica consigo mesmo. Infelizmente, essa é mais uma das funções vitais do Eu que não é lapidada e educada no sistema educacional. Como vimos, um Eu mal construído pode desenvolver uma introspecção doentia, mórbida, pessimista, autopunitiva, não contemplativa.

Para auxiliar o Eu nessa magna tarefa de superar a barreira da virtualidade, a buscar a si mesmo e vivenciar o prazer, entra em cena um complexo fenômeno inconsciente, o Autofluxo. Como comentei, o fenômeno do Autofluxo é um diretor coadjuvante que mantém o fluxo contínuo de construções psíquicas desde a aurora da vida fetal. Produz milhares de pensamentos e imagens mentais diárias. E um dos grandes objetivos é aliviar a solidão do Eu, entretê-lo, distraí-lo, envolvê-lo.

Sem esse fenômeno, provavelmente a solidão intrapsíquica da consciência virtual geraria uma depressão coletiva na espécie humana. O Eu não é suficiente para produzir um rico filme mental para supri-lo de prazer, alegria, satisfação. Assim como buscamos fontes de lazer, como esportes, música, literatura, cinema, há uma fonte intrapsíquica excelente gerada pelo fenômeno do Autofluxo.

Esse fenômeno lê a MUC e a ME inúmeras vezes por dia, nos levando a dar inúmeros "passeios" pelo passado e pelo futuro. Quantas vezes o Eu fica impressionado com esses passeios e se pergunta: "de onde saíram essas imagens e pensamentos?". Na realidade, vieram da ação do fenômeno do Autofluxo. Alguns viajam tanto que não se fixam no presente. Você conhece pessoas que ficam dez minutos ou mais ouvindo outras pessoas, mas no fundo não escutaram nada?

Se o fenômeno do Autofluxo falha, seja por pensar excessivamente, gerando a síndrome do pensamento acelerado, ou por produzir pensamentos pessimistas, mórbidos, autopunições, autocobranças, enfim, por não produzir pensamentos e imagens mentais prazerosas, sentimos angústia, ansiedade, inquietação e vazio existencial não poucas vezes inexplicáveis. Do mesmo modo, quando o Eu não qualifica ou gerencia os pensamentos e emoções que ele mesmo produz, pode se tornar vítima desses construtos.

O Eu necessita do Autofluxo como a maior fonte de entretenimento humano. Mesmo quando dormimos, esse fenômeno produz um incrível roteiro nos sonhos. Cada sonho é uma história. Quem liberta adequadamente e nutre o fenômeno do Autofluxo vive uma grande aventura, uma existência saturada de sabor, imaginação, criatividade.

O que os bebês ficam fazendo com seus olhares fixos? Libertando seu imaginário através da ação do Autofluxo. Por que as crianças têm curiosidade? Por que os poetas fazem suas poesias? Não apenas para discorrer sobre nuances para se aproximar de um modo diferente do mundo, mas também de si mesmos.

A ETERNA PROCURA DO EU

Nosso Eu tem um poder embotado, contraído, minimizado, que, se for liberto e exercitado, pode transformar as falhas em oportunidade para crescer, o desprezo pode ser transformado em nutriente para ser forte; as perdas, em canteiro para cultivar alegria; as crises, em possibilidade de escrever o mais belo romance com a existência...

Num dos meus romances psiquiátricos, *O Futuro da Humanidade*, um dos personagens, Falcão, um filósofo, é vítima de surtos psicóticos. Infelizmente, foi banido da sua universidade, sociedade, família, mas seu Eu, em meio à sua confusão mental, foi atrás do mais notável de todos os endereços, um endereço dentro de si mesmo. E lá ele descobriu e se tornou íntimo da arte da crítica e da dúvida, atravessou inimagináveis desertos psíquicos e se reorganizou, fez as pazes consigo mesmo.

Observe o movimento humano, alunos estudando, casais se amando, amigos dialogando, religiosos meditando ou orando, ativistas lutando pelos seus direitos, políticos apontando caminhos, cientistas pesquisando, todos procurando os mais diversos endereços. Essa é a essência do que somos, e nada é tão fascinante. Podemos e devemos percorrer muitos caminhos, mas, em especial, *deveríamos ser caminhantes que andam no traçado do tempo em busca de si mesmos.*

A virtualidade da consciência existencial nos introduz no oceano inimaginável da solidão paradoxal onde estamos próximos mas infinatamente distantes de tudo. Esse oceano solitário nos impele a buscar ansiosamente a nós mesmos e aos outros. Sem o que o Homo sapiens *seria um ser errante ilhado e não incontrolável e maravilhosamente social.*

CAPÍTULO 8

A Autoconsciência

O sonho da psiquiatria, psicologia clínica, sociologia, filosofia e psicopedagogia, em minha opinião, deveria se formar um Eu saudável, autor da própria história, que tenha bem trabalhadas sete grandes funções vitais:

1. Autoconsciência e, consequentemente, a capacidade de interiorizar-se/observar-se/mapear-se.
2. Gerenciar os pensamentos e, consequentemente, administrar a ansiedade.
3. Proteger a emoção e, consequentemente, desenvolver a resiliência.
4. Colocar-se no lugar dos outros e, consequentemente, "pensar" como e para a espécie e o meio-ambiente e desenvolver uma sociabilidade madura.
5. Libertar o imaginário e, consequentemente, desenvolver a criatividade e a capacidade de pensar antes de reagir.

6. Construir, reconstruir e reeditar as janelas da memória.
7. Conhecer os mecanismos básicos de sua formação.

Se no currículo de qualquer escola de ensino fundamental, médio e universitário se colocasse uma disciplina que contemplasse essas funções vitais, teríamos grandes possibilidades de formar coletivamente uma casta de mentes saudáveis, pensadoras, sensíveis, altruístas. Poderia haver uma revolução educacional. Em breve, como todo mortal, encenarei o último ato da existência no admirável e espantoso teatro do tempo. Ficam nossas sementes. Espero humildemente que este livro contribua para esse grande sonho.

A AUTOCONSCIÊNCIA

O quinto sofisticado mecanismo de construção do Eu é a autoconsciência. Autoconsciência é a capacidade do próprio Eu de se conhecer, ter consciência de si mesmo, se identificar, dar significado e relevância a si. Muitos falam o dia inteiro a palavra Eu, alguns são até egocêntricos eególatras, mas, por inacreditável que pareça, desconhecem "o que é" e "quem é" o seu Eu e, mais ainda, que esse Eu deve administrar sua mente.

Todo ser humano egocêntrico, egoísta, orgulhoso e individualista tem importantes defeitos na construção do Eu. E entre esses muitos defeitos está a dificuldade do Eu de se colocar contra a parede, confrontar sua arrogância, reciclar seus pensamentos tolos, impugnar suas ideias fixas. São fortes porque usam o poder para controlar os outros, mas são frágeis porque não sabem usar esse poder para se autocontrolar. E talvez o maior defeito seja não ter autoconsciência.

A autoconsciência é o grau de envergadura e visibilidade do Eu para se autoenxergar e se autoconhecer. Mas como desde que saímos do útero materno somos arremessados para o mundo perceptível ao sistema sensorial, nós não desenvolvemos as habilidades mínimas que financiam a autoconsciência. Crianças, adolescentes e adultos raramente se perguntam sistematicamente "quem sou", "o que sou", "quais são minhas atribuições como ser humano", "quais são minhas funções como autor da minha história", "que habilidades desenvolvi para gerir meu psiquismo".

Quem não tem autoconsciência vive porque está vivo, vai à escola, frequenta um grupo social, pratica uma religião, vai a um clube, assiste a filmes, tem uma atividade profissional, mas não se deslumbrou com a complexidade da existência e, consequentemente, com seu papel como ator psíquico e social. A existência é um fenômeno absurdamente sofisticado, uma loucura inimaginável, um espetáculo indizível. O que é existir? O que é ser? Ninguém sabe. Milhões ou bilhões de palavras teológicas, filosóficas, psicológicas, por mais belas e profundas, que tentem esquadrinhar a existência são poeira atirada ao vento.

A autoconsciência nunca vai definir a existência, mas pode contemplá-la, admirá-la, se assombrar positivamente com ela. Em especial se tiver autoconsciência de que é um ser único no palco da existência, de saber que possui um Eu. Quem tem uma autoconsciência magérrima viverá sempre uma existência miserável, vai se definir pelo saldo da conta bancária, títulos acadêmicos, *status* social. Terá uma visão míope do fascinante espectro da vida.

Onde estão os jovens que andam pelos *shoppings* e ficam espantados não com roupas ou celulares, mas com o fenômeno da existência? E os que são capazes de se questionar com suas próprias palavras: "Eu existo, que loucura é essa?". Onde estão os profissionais que fazem uma parada estratégica no calor do seu trabalho para refletir sobre o *show* surpreendente da existência, belíssimo, mas brevíssimo? Somos centelhas que por instantes cintilam e depois se dissipam quase sem deixar vestígios. Parece que as pessoas só acordam quando têm um ataque de pânico ou algum acidente de percurso em sua massacrante rotina.

Você acha que algum terrorista teria coragem de explodir o próprio corpo, ou um assassino, de atirar num ser humano, ou ainda um executivo, de humilhar um funcionário se o Eu deles tivesse entrado em camadas mais profundas da autoconsciência? Impossível. As agressividades intensas só surgem quando o Eu, como piloto na psique, não sabe voar, vive se rastejando.

Discriminar e se autodiminuir também são agressividades densas. Toda pessoa que se aumenta ou se diminui, que é autoritária ou submissa, que exclui os outros ou se pune não desenvolveu autoconsciência consistente. Todo ser humano que quer ser um grande personagem na sociedade, um político poderoso, uma celebridade, um esportista de alta visibilidade, apenas porque isso traz dinheiro e *status*, também tem baixos níveis de autoconsciência. Não tem aspirações filosóficas mais profundas. Atira-se na corrente social sem pensar quem é e o que é.

Eu sou um lixeiro, alguém diria. Sim, mas acima de tudo é um ser humano tão sofisticado mentalmente quanto o prefeito da sua cidade. "Eu sou depressivo", mas é tão complexo quanto o seu psiquiatra, e, como tal, jamais deveria sentir-se inferior a ele e inibido em questioná-lo. "Eu sou um bilionário", listado pela revista *Forbes*. Sim, mas se não descobrir que ser um ser humano é muitíssimo maior do que todos os seus bens materiais, então o dinheiro o terá empobrecido, me tornado miserável. Só a autoconsciência regula nosso *status*.

O problema não é haver grupos, tribos e classes sociais na sociedade, o problema é quando essas castas se colocam acima dos outros, lutam ferozmente pelo seu espaço, se digladiam. Tais comportamentos denunciam que o Eu não desenvolveu a autoconsciência. Um Eu autoconsciente sabe que não é sempre independente, mas interdependente, reconhece que vive numa ilha psíquica, mas dentro de um continente social. Supera o individualismo, mas não abre mão da individualidade.

Temos pelo menos 3 trilhões de células em nosso corpo trabalhando gratuitamente como usinas para existirmos. E o Eu não tem controle sobre nenhuma delas. Abrimos milhares de janelas da memória para lermos um texto. E nenhuma delas foi localizada sob a luz física pelo Eu. Produzimos inumeráveis cadeias de pensamentos para entender o mundo e nos compreender. E nenhuma delas se desprendeu do inconsciente para a esfera da virtualidade consciente por vontade do Eu. Um Eu inteligente tem um mínimo de conhecimento da teia da vida e se curva fas-

cinado e agradecido. Um Eu autoconsciente minimiza o orgulho e maximiza a humildade.

O Eu autoconsciente e os instrumentos de navegação

A autoconsciência é produzida por três habilidades: se interiorizar, se observar e se mapear. São instrumentos invisíveis, mas fundamentais para se conhecer e ser sereno e estável. Mas essas habilidades não são estimuladas pelo sistema educacional. Parece que só se tem a chance de aprendê-las quando se frequenta consultórios de psicoterapia, o que é um erro. Elas deveriam ser ensinadas às crianças antes mesmo dos sete anos de idade, pois representam mecanismos fundamentais para a formação de um Eu saudável e inteligente.

Aprendemos a nos mover tempoespacialmente através do nosso sistema sensorial. Se não tivermos limitações físicas, nada será tão simples quanto andar, percorrer, ir, partir. Mas como nos mover dentro da nossa mente? Como nos localizar tempoespacialmente em nossa memória? A falta de instrumentos tangíveis ou visíveis é um dos maiores desafios para o autoconhecimento e, consequentemente, para o desenvolvimento da autoconsciência.

Onde estão nossos medos em nosso córtex cerebral? Não sabemos. De que janelas emanam comportamentos tímidos, impulsivos, intolerantes ou radicais? Desconhecemos. Um neurocirurgião pode apontar com uma caneta determinadas áreas do córtex mas qualquer espaço, por mínimo que seja, é tão grande que contém milhões de informações.

Como o Eu se localiza nesse novelo de janelas? Não sabe e talvez nunca saiba, pois o processo é inconsciente. Ele entra como um raio em múltiplas áreas do córtex cerebral que contêm os símbolos da língua, experiências emocionais, existenciais, intenções, desejos, ginga, perícia. Em todas essas áreas, ele abre janelas, utiliza as peças e as organiza com incrível maestria.

As áreas que o Eu mais utiliza estão na MUC, mas nem sempre a MUC é um bairro central único. Assim como nosso centro de circulação na cidade inclui vários bairros, a MUC também inclui vários grupos de janelas que estão em áreas distintas do córtex cerebral. Mas, com incrível habilidade, o Eu se move de olhos vendados na cidade da memória, acerta o alvo e realiza com êxito o ato de pensar.

Excetuando situações momentâneas de desconexão tempoespacial das janelas, que nos dão a sensação de um "branco", sem saber o que estávamos pensando, o Eu tem uma habilidade impressionante de se locomover em nossa memória sem a necessidade de um sistema visual. Todo ser humano se move de maneira espetacular, mas há diferentes habilidades nessa movimentação, resultando em diferentes construções de pensamentos. Alguns são prolixos, falam sem parar, outros são mais contidos; alguns se perdem em detalhismos, outros são sintéticos; alguns são unifocais, outros são multifocais. A complexidade do raciocínio depende dessas habilidades e estas dependem de técnicas pedagógicas para se desenvolver.

Todavia, movimentar-se no córtex cerebral, abrir janelas da memória, resgatar informações e organizá-las para construir pensamentos, não quer dizer desenvolver a autoconsciência. Faz-se necessário para isso o desenvolvimento de outras habilidades: se interiorizar, se observar e se mapear. Essas habilidades fundamentam o raciocínio abstrato. Como abordei, sem esse raciocínio, o Eu não tem bússola para se autoconhecer e ter consciência de si mesmo.

A arte de se interiorizar

Interiorizar-se é voltar-se para dentro de si. É percorrer as ruas e avenidas do próprio ser. A maioria das pessoas fica na superfície do seu psiquismo porque não treina se interiorizar. Não entra em camadas mais profundas e, quando entra, sofre por antecipação, resgata culpas, se angustia com um pessimismo. É vítima de uma introspecção mórbida. Isso não é se interiorizar, é se punir.

Interiorizar-se é uma habilidade que, se o Eu desenvolver, circulará com mais desenvoltura no escuro da memória e garimpará com mais eficiência e rapidez as experiências mais nobres que possui. Todos temos um rico estoque de experiências espalhadas por grandes áreas do córtex cerebral, mas não as acessamos nos focos de tensão. Repetimos os mesmos erros como se nunca tivéssemos passado por dificuldades.

Se o Eu fosse educado para utilizar a capacidade de se interiorizar como instrumento de navegação para circular na cidade da memória, seria possível desenvolver um raciocínio muito mais brilhante do que normalmente se tem. Grande parte das pessoas que apresentam comportamentos arrogantes, reativos, compulsivos, ansiosos têm aporte de experiências para desenvolver raciocínios surpreendentes. Por que não desenvolvem? Por que seu Eu é um péssimo navegante nas águas psíquicas, não sabe se interiorizar. É um especialista em se exteriorizar.

O Eu com essa especialidade, como comentei, se vicia em determinados circuitos cerebrais e age instintiva e estupidamente. É fundamental que o Eu, se quiser desenvolver a autoconsciência, use sistematicamente a técnica "ser fiel a si mesmo", caso contrário, será escravo desses circuitos cerebrais viciosos. Como se realiza essa técnica?

Primeiro, superando a ditadura da resposta: não reagir impulsivamente, rebater, contradizer, dar o troco. Usar a barreira da consciência virtual para se proteger. Segundo, consultando-se, fazendo um *stop* introspectivo, mergulhando dentro de si para encontrar respostas inteligentes. Terceiro, nesta caminhada interior, bombardear-se com a arte da pergunta. Deveria ser feito o máximo de perguntas num curto espaço de segundos: Quem sou? Quem o outro é? Por que estou comprando sua ofensa? Quais são as experiências que eu tenho? Que alternativas possuo? As perguntas, como vimos, ajudam no processo de se interiorizar e abrir as janelas da memória.

Não é o tamanho da memória ou a genialidade genética que determinará a eficiência da sua utilização, mas a maneira como o Eu se interioriza e explora as memórias.

A ARTE DE OBSERVAR

A segunda técnica para desenvolver a autoconsciência é aprender a se observar. Essa arte da inteligência é fundamental para o Eu se autoconhecer, se esquadrinhar, penetrar em espaços mais íntimos da sua estrutura. Sem aprender a nos observar, somos um carro à deriva, um barco sem leme, atropelamos as pessoas e nos acidentamos sem ter consciência do que está acontecendo em nossas mentes e no âmago dos outros.

Observar não é dar uma olhadela superficial em nosso psiquismo, nos meandros de nossa mente, mas sim exercitar um olhar atento, acurado, por isso é uma arte que vem depois da arte de se interiorizar. Primeiro, se fixa no quadro; depois, se o observa atentamente.

Meditar não reflete necessariamente a arte de se observar, embora também possa ser útil. É possível passar décadas meditando e não analisar nossas mazelas, não reconhecer nossa pequenez, imaturidade e loucuras. O que estou propondo não é uma técnica de meditação, mas uma técnica psicológica para o Eu se conhecer, descobrir seus papéis, limites, conflitos.

Deveríamos gastar uns cinco minutos uma ou duas vezes por dia, no trabalho, dirigindo o carro, deitados antes de dormir, observando quem somos, questionando se temos sido maduros, lúcidos, coerentes com os outros, conosco, com nossos sonhos. Deveríamos prestar atenção por onde estamos caminhando, que tipo de história emocional e social estamos construindo, como está nossa qualidade de vida. É tão pouco tempo, mas tão fundamental. Entretanto, a indústria do lazer nos sufocou. As pessoas chegam em casa e a primeira coisa que fazem é ligar a TV ou ler um jornal. Não exercemos o autodiálogo prazeroso, relaxante, agradável.

O que é espantoso é que atualmente a indústria do lazer, poderosa e diversificadíssima, não está produzindo a geração mais alegre, contemplativa, relaxada, mas sim a mais triste, depressiva, insatisfeita e menos interiorizada que já existiu.

Há pessoas que estão à beira de um ataque de nervos ou de um infarto e não gastam migalhas de seu tempo observando e procurando alternativas para se reciclar, mudar de rotas, se cuidar. Aqui se incluem também executivos, médicos, intelectuais e líderes espirituais de excelente nível. Essas pessoas não abandonam os outros, procuram sempre que possível ajudá-los, mas não se importam que elas mesmas se abandonem. São éticas com todos, menos consigo mesmas. Jamais deixam os feridos pelo caminho, mas se deixam em último lugar na escala das suas preocupações. Autodestroem-se.

A arte de se interiorizar é muito útil para darmos respostas brilhantes nas relações sociais, e a arte de se observar é muito útil para darmos respostas brilhantes para nós mesmos. A exteriorização da existência tem debilitado o desenvolvimento da autoconsciência e da sensibilidade. É provável que a maioria das crianças e adolescentes esteja desenvolvendo uma insensibilidade preocupante devido ao excesso de atividades e de consumo. Elas ferem seus pais, mas não sentem a dor deles. Machucam seus colegas e reagem como se nada tivesse acontecido. São rápidas em exigir que suas necessidades sejam supridas, mas são lentas para se doar.

Já repararam como as crianças da atualidade querem em primeiro lugar, em segundo e em terceiro lugar que suas necessidades sejam atendidas? O egoísmo, o egocentrismo e o individualismo são consequências de um Eu mal construído, destituído de autoconsciência.

A generosidade, solidariedade, tolerância, autocrítica e capacidade de se colocar no lugar dos outros nascem no solo da autoconsciência, e a autoconsciência nasce no solo da arte de se interiorizar, observar e se mapear. Sem desenvolver tais habilidades, podemos preparar profissionais para executar tarefas, combatentes para as guerras, mas não seres humanos conscientes do espetáculo insondável da existência e que amam se doar.

A arte de se mapear / se reorganizar

Um dos defeitos mais graves do Eu como gestor psíquico é a dificuldade de se mapear. Primeiro, nos interiorizamos; segundo, nos observamos; e terceiro, nos mapeamos. A arte de se mapear é um passo além da arte de se observar. Observar-se é se perceber de maneira genérica, mas se mapear é se perceber de maneira específica, é enumerar e esquadrinhar nossos conflitos para se reconstruir. É um processo terapêutico, mas pode ser exercido educacionalmente não para nos tratar, mas para reorganizar nossa história.

Mapear-se é entrar em contato com nossa realidade sem máscaras e disfarces. Você entra em contato com sua realidade? Um Eu que não tem coragem de se mapear detalhadamente carregará por toda a sua história seus traumas. Sabe aquelas pessoas que nunca mudam a dinâmica da sua ansiedade, fobias, egocentrismo, pessimismo ou timidez? Não é porque suas mentes não sejam complexas e não tenham potencial para reconstruírem a sua história, mas sim porque, entre outros instrumentos de navegação, o Eu delas não aprendeu a se mapear de maneira aberta e transparente.

Sem a arte de se mapear não é possível superar a necessidade neurótica de ser perfeito, reescrever as janelas killer fracas e, em destaque, as janelas poderosas (duplo P) que estruturam a personalidade. Lembre-se de que toda construção tem suas vigas e pilares de sustentação, o mesmo ocorre com a personalidade. Sem mapear essas janelas, não temos como nos reorganizar e reciclar os pilares que estruturam nossas mentes. Quanto mais o Eu tiver dificuldade de checar suas zonas de conflito, mais o tratamento psicoterapêutico poderá se prolongar, seja na terapia analítica, seja na cognitiva, pois o Eu terá menos condições de exercer seus papéis fundamentais. Sem "mapa" nós nos perdemos, até em nossas mentes.

Conheço casais que se digladiam há décadas. Não se separaram, mas vivem num inferno emocional. E arrastarão seus conflitos, não mudarão, porque o Eu deles se recusa a se interiorizar, se observar e se mapear sem disfarces. Um Eu imaturo constrói defesas infantis, aponta as falhas dos outros, mas nunca as suas. O Eu só pode reconstruir suas rotas, gerenciar sua ansiedade, proteger sua emoção se tiver um mapa nas mãos para se movimentar no intangível e "escuro" universo mental. Sem nos conhecermos minimamente, não desenvolveremos autoconsciência, e, sem autoconsciência, ficaremos confusos nos solos do nosso psiquismo. Atiraremos para todos os lados, mas não acertaremos os alvos fundamentais.

Você pode incorporar milhões de dados sobre física ou matemática e continuar a ser o mesmo depois de toda essa trajetória. Mas se penetrar em si mesmo, se observar continuamente e se mapear de maneira crua e transparente, ainda que não com a eficiência de um excelente terapeuta, nunca mais será o mesmo. Terá subsídios para pensar em outras possibilidades e reeditar sua história. Mapear-se gera projetos de mudança, mas um conhecimento superficial gera desejos fugazes, sem sustentabilidade.

Por exemplo, uma pessoa que tem pavor de falar em público poderá continuar insegura a vida toda se não aprender a se interiorizar, a se observar, a se mapear de maneira inteligente. Sabe que deve se reciclar, ouviu conselhos mil, mas não tem habilidade para se superar. O conhecimento superficial de nossos conflitos gera desejos, e desejos produzem janelas light "fracas", com baixo poder de atração e agregação.

Mas se o Eu sair do superficialismo, mapear seu complexo de inferioridade, questionar continuamente como ele se manifesta, como foi construído, por que não foi superado, etc., construirá janelas light duplo P que estabelecerão uma nova agenda para deixar de ser servo desse complexo. Gritará silenciosamente em seu psiquismo, hasteará a bandeira da liberdade primeiro dentro de si, e depois no teatro social. Passará a levantar as mãos, expor o pensamento e debater ideias, enfrentará o medo do deboche e do escândalo, escreverá, assim, um novo capítulo na sua história.

Certa celebridade do cinema tinha pavor de críticas na imprensa. Elas simplesmente destruíam o ânimo dela e seu prazer de viver. Depois de conhecer alguns mecanismos de formação do Eu e mapear, pelo menos minimamente, seu psiquismo, partiu para romper seus grilhões. Em vez de se intimidar, procurou o que detestava, as reportagens que a criticavam. E, enquanto lia essas matérias, abria janelas traumáticas e dava um choque de lucidez na sua emoção hipersensível. Queria deixar de ser escrava do que os outros pensavam e falavam dela. Autoconsciente do seu valor e das suas falhas, passou a gerenciar a ansiedade. Libertou-se, reeditou as janelas killer duplo P. As críticas deixaram de esmagá-la e se tornaram nutrientes da sua superação.

UM EU ESPETACULAR

O processo de construção do Eu ao longo da história foi sempre fragilizado e comprometido. As pessoas que brilharam em seu Eu o desenvolveram intuitivamente, como Buda, Confúcio, Moisés, santo Agostinho, Spinoza, Hegel. Há uma pessoa em particular que analisei e que me deixou embasbacado.

Seu Eu era pleno gerente da sua mente, mesmo nos ambientes mais inóspitos e aparentemente insuportáveis. Sabia proteger sua emoção e filtrar estímulos estressantes como os homens mais lúcidos não o souberam. Seu Eu era tão fascinante que propositadamente escolheu uma das piores estirpes de alunos para ensinar as funções mais complexas da inteligência, como a arte de se interiorizar, se observar, se mapear, pensar antes de reagir, colocar-se no lugar do outro, expor e não impor as suas ideias, pensar como espécie. Seu nome? O Mestre dos Mestres, ou, simplesmente, o carpinteiro de Nazaré.

Seus alunos eram mentalmente agitados, inquietos, agressivos, tinham a necessidade neurótica de poder e de controlar os outros. Com tais qualificações psíquicas, como poderiam encarar uma prostituta como um ser humano único? Como poderiam considerar um leproso tão importante quanto um rei? Como poderiam expor suas ideias se tinham sede de poder? João, o mais amável, propôs eliminar literalmente quem não andasse com seu mestre. Era quase impossível trabalhar o Eu deles para ser autoconsciente, autônomo, altruísta, solidário, resiliente. Uma perda de tempo.

Mas o professor desses alunos era também um jardineiro do psiquismo. Antecipando-se em mais de 2 mil anos no tempo, plantou janelas no epicentro da memória deles, na MUC. Deu-lhes lições chocantes, borbulhantes, espantosas, inesquecíveis para estruturar o Eu deles.

Fiquei admiradíssimo ao mapear seus comportamentos no seu último jantar. O professor estava diante dos seus alunos, que sempre lhe deram dor de cabeça. Ele sabia que em horas vivenciaria uma dor inimaginável, golpes insuportáveis. E as piores decepções não viriam dos seus inimigos.

Qualquer um bloquearia o instinto da fome naquele jantar, não conseguiria engolir pequenas porções de comida. Estava angustiado porque sabia que seus alunos ainda estavam muitíssimo despreparados para ter um Eu autoconsciente nos focos de tensão, capaz de gerenciar a ansiedade, abraçar os diferentes, investir em quem os frustrasse e doar-se sem esperar o retorno.

Como ensinar essas lições complexas nas suas últimas horas de vida? Impossível por meio de palavras. Deveria reunir suas últimas gotas de energia para se preocupar apenas com sua dor e seu caos. Tinha consciência de que as palavras, por mais bem colocadas que fossem, gerariam janelas light frágeis que não alicerçariam a construção de um Eu inteligente e saudável. Mas, para assombro da psicologia e educação moderna, quando as palavras seriam estéreis, ele se transformou numa metáfora viva e bombástica.

Pegou uma toalha, uma bacia de água e silenciosamente se curvou aos pés dos seus alunos. Em minha análise destituída de religiosidade, me perguntava atônito "Que professor era este que, no auge da fama, teve a coragem de se dobrar aos pés de alunos que frequentemente o decepcionavam, eram inquietos, radicais e conflitantes?".

Seus alunos ficaram abalados, assombrados, surpreendidos. O fenômeno RAM (registro automático da memória) entrou rapidamente em ação e começou a registrar de maneira privilegiadíssima no âmago da memória deles janelas light com altíssimo poder de atração e agregação. O Eu deles foi sugado por essa janela e todos os pensamentos e emoções que produziam agregavam novas janelas, formando zonas light que alicerçariam a construção de um Eu saudável.

Pedro, o agitado e irritadiço discípulo, ficou escandalizado. "Longe de mim, professor, que me lave os pés", bradou. Mas o professor penetrou nos olhos dele e lhe disse: "Se eu não os lavar, você não terá parte na minha história". Pedro se calou e continuou a expor seu psiquismo ao artesão da inteligência.

O Mestre dos mestres, em sua metáfora viva, parecia dizer: "Vocês me decepcionaram e ainda me frustrarão ao máximo, me abandorão, me negarão, me trairão. Mas neste jantar e através destes gestos declaro que jamais desistirei de vocês. Se quiserem fazer parte da minha história, terão de replicar esse ensinamento até o dia do seu último suspiro existencial. Jamais esqueçam que um Eu frágil aposta nos que aplaudem, um Eu maduro exalta os diferentes e é capaz de investir o melhor que possui naqueles que o decepcionam...".

Quando Pedro o negou pela terceira vez, poucas horas depois desse episódio, ele, ferido, sangrando e com edemas labiais e periorbitário, não podia dizer palavra. Mas, para perplexidade da psicologia, ele o alcançou com seu olhar e parecia bradar silenciosamente: "Eu o compreendo, eu o compreendo".

Que professor é este que nunca abandona seus alunos, mesmo que tenham tirado as piores notas e tido os comportamentos mais reprováveis? Que mestre é esse que compreende o aparentemente incompreensível. Que professor é este que sempre investiu sua inteligência nos mecanismos da formação do Eu? Ele protegeu a emoção de Pedro, mesmo quando este o apunhalava. Sabia que a solidão do autoabandono poderia esmagar Pedro com o sentimento de culpa e gerar sua autodestruição. O Mestre dos mestres, mais uma vez, não foi vítima das suas mazelas, mas autor da sua história em momentos em que era quase impossível gerenciar a ansiedade, a fobia, a rejeição e a dor física.

Muitos admiram seus grandes atos, mas foi nos gestos mais subliminares que ele revelou uma maturidade emocional sem precedentes. Infelizmente, as religiões falharam em não estudá-lo do ângulo da psicologia, sociologia e ciência da educação. Se os praticantes de todas as religiões, inclusive das não cristãs, vivessem suas metáforas, seus pensamentos e suas teses, teríamos uma humanidade muito menos agressiva e instintiva e muito mais generosa e inteligente. Esse homem esculpiu madeiras, mas também se tornou um artesão especialista em esculpir a mente humana.

Eu não defendo uma religião, mas, pelos olhos da ciência, é fascinante vê-lo acreditar no ser humano e na sua transformação quando tinha todos os motivos para declarar que a espécie humana era inviável. Nunca o silêncio gritou tão alto e gerou em pouco tempo os mais nobres raciocínios complexos, abstratos e indutivos. Nunca o amor deixou o eco das palavras e se materializou para alcançar pessoas que não conheciam a arte de amar.

CAPÍTULO 9

O Gatilho da Memória: uma festa para a qual o Eu não se convidou

O EU NUTRE-SE DAS JANELAS QUE NÃO ABRIU

O sexto mecanismo de construção trata da atuação do fenômeno do Gatilho da Memória. Já comentei esse fenômeno em outros livros e nesta obra, mas neste capítulo farei uma abordagem diferente. Por estranho que pareça, o Eu entra numa festa para a qual não se convidou e nutre-se de pratos que não elaborou.

Deixe-me explicar. O fenômeno do Gatilho ou Autochecagem da Memória, como o próprio nome indica, é o fenômeno que abre as janelas do córtex cerebral diante de cada estímulo físico (imagens, sons, experiências táteis, gustativas, olfativas) e de cada estímulo psíquico (pensamentos, imagens mentais, desejos, fantasias, ideias). Nesse exato momento, o texto que você está lendo fornece um *pool* de estímulos físicos que expressam os símbolos da língua, que, por sua vez, acionam o Gatilho da Memória, que abre automaticamente milhares de janelas, que levam a compreender, decifrar, interpretar cada palavra do quebra-cabeça do texto.

Esse mecanismo é inconsciente. Não é o Eu que procura e localiza essas janelas, mas o Gatilho da Memória, que é uma espécie de copiloto dele. Ele é como um polvo cujos tentáculos abrem múltiplas janelas simultaneamente, financiando nossa compreensão e assimilação mais imediatas do mundo que somos e no qual estamos. Uma compreensão mais acurada dependerá da elaboração do Eu.

Motoristas dirigem carros por grandes trechos e, de repente, quando o Eu toma ciência da trajetória percorrida, fica impressionado com as manobras e atitudes tomadas nesse percurso. Parece que não foi ele quem as tomou. Na realidade, grande parte foi produzida pela ação do fenômeno do Gatilho da Memória. Vez ou outra, quando se necessita de uma manobra ou decisão mais refinada, o Eu toma o controle desse piloto coadjuvante e processa essas manobras.

O Gatilho abre as janelas, e o Eu delas se nutre. Portanto, o Eu, como fenômeno consciente, entra no processo de construção de pensamentos e emoções já iniciado por um fenômeno inconsciente. Quando somos jovens, ser penetra numa festa pode até ser divertido, mas, quando adulto, isso é constrangedor. O mesmo ocorre com o Eu nos campos da memória. O Eu entra como penetra nas festas para as quais ele não foi convidado e para as quais nem ele mesmo se convidou. Esse mecanismo ocorre diariamente centenas de vezes. O problema é quando as festas se tornam um drama, uma fonte de terror, medo, ansiedade.

O Gatilho abre uma janela, e o Eu começa a utilizar as experiências e informações nela contidas para produzir pensamentos e emoções. Se a janela for traumática e o Eu não souber gerenciar o processo de leitura, se torna refém dela. Uma crítica, rejeição, desaprovação, tom de voz exaltado, detona o Gatilho da Memória, que abre em frações de segundos algumas áreas killer, levando o Eu a mergulhar em águas turbulentas. Imagine se estivermos debaixo de cobertores aquecidos e uma pessoa nos arrancar da cama e nos atirar numa piscina de água fria. Isso que parece uma agressão sem precedente, ocorre no teatro psíquico com certa frequência. Só não nos espantamos porque esse processo ocorre desde a nossa infância. Psicoadaptamo--nos a ele, embora não deixemos de nos pertubar, angustiar e sofrer.

Pessoas que têm ataques de pânico, transtornos obsessivos, fobia de avião, claustrofobia, fobia social ou que têm grandes preocupações com doenças, com o futuro e com a opinião dos outros detonam o Gatilho da Memória para áreas traumáticas, saem de um ambiente confortável para uma "piscina" de água fria. Tudo é tão rápido que o Eu não tem sequer tempo para pensar. O Eu só conseguirá se livrar dessa festa ou do prato azedo e fermentado propiciado pelo Gatilho da Memória segundos depois de já tê-lo experimentado.

Sem o Gatilho da Memória, não entenderíamos milhares de estímulos visuais e sonoros, não leríamos nem decifraríamos os códigos da língua, mas, com ele, também entramos em frequentes armadilhas. Nada pode ser tão constrangedor, fragilizar tanto o Eu quanto ser "vítima de um crime" que ele não cometeu. Tudo se complica no psiquismo porque o Eu, desconhecendo esses mecanismos, aceita sua condenação, aceita seu presídio, fica nutrindo-se daquela janela sem saber que não foi ele quem a abriu e sem saber que pode e deve sair da esfera dela.

Há inumeráveis pessoas que se atritam, se ofendem, têm ataques de fúria, crises de indignação, enfim, entram num confronto que o Eu não pediu para entrar. Ninguém compraria alimentos estragados num supermercado, mas no supermercado da mente humana compramos e pagamos caro. Somos espertos no mundo de fora, mas completamente ingênuos no mundo de dentro. Por desconhecermos os mecanismos de formação e atuação do Eu, inúmeras atrocidades e acidentes ocorreram na história e continuam acontecendo em nossas existências.

Pais podem ser ponderados com seus filhos em alguns momentos, noutros, quando desrespeitados, podem agir com insanidade. Executivos são equilibrados quando estão navegando em águas calmas, mas, quando são desafiados, podem ficar irreconhecíveis. O Eu pode ser muito flutuante se não souber desarmar as bombas que o Gatilho da Memória prepara para ele. Você sabe desarmá-las? Aprender a se interiorizar, se observar e se mapear pode mais uma vez ajudar muito.

UM GERENTE DE BANCO QUE ERA PÉSSIMO GERENTE PSÍQUICO

Um gerente regional de um banco certa vez me trouxe o filho de cerca de 20 anos porque o rapaz era inseguro, ansioso e intolerante. Recebi os dois nos primeiros minutos da consulta. O pai mostrava um tom de voz pausado, suas palavras eram coerentes e afetivas. Logo antes de sair da sala para que eu pudesse atender a seu filho, este o contrariou. Imediatamente, o pai o agrediu fisicamente. Deu-lhe um tapa. Foi espantosa a reação dele.

O pai também estava doente e alimentava a intolerância e ansiedade do próprio filho. Não sabia se proteger. Estava tão fragilizado que pequenas frustrações detonavam seu Gatilho da Memória e geravam reações incontroláveis. Geria pessoas e contas de clientes abastados no seu banco, mas não sabia gerir sua psique. Seu Eu estava em débito constante com a paciência e a generosidade. Ambos, pai e filho, eram enclausurados por determinados circuitos da memória.

Raiva, ansiedade, indignação, medo e ciúme surgem inicialmente a partir do Gatilho da Memória, mas um Eu inteligente imediatamente se refaz e deixa de ser servo do processo que ele não iniciou. Se o Eu não tiver autoconsciência e maturidade, se não desenvolver habilidades para se reciclar continuará por horas e dias embriagando-se dessas janelas. Eis o pior cárcere. Uns são presos por barras de ferro, outros por algemas psíquicas.

Certa vez, uma pessoa deu uma conferência e brilhou em sua exposição. Ao terminar, alguém subitamente se levantou na plateia e lhe fez uma crítica injusta. Imediatamente, o Gatilho disparou, levando-o para uma janela traumática. A carga de tensão dessa janela bloqueou milhares de outras, impedindo seu Eu de ter acesso a informações que poderiam subsidiar sua flexibilidade e capacidade de responder. Poderia reagir com maestria, mas seu Eu foi encarcerado, não conseguia pensar. Não parecia a mesma pessoa.

Angustiado e sentindo-se afrontado, partiu para o ataque, reagiu agressivamente à crítica. Se seu Eu agisse como gerenciador da psique, se interiorizaria, agradeceria a crítica, deslocaria o processo de leitura para outras zonas, que, por sua vez, financiariam respostas interessantes e, consequentemente, transformaria a crise numa oportunidade para crescer e debater suas ideias. Mas o que fazemos com as crises? Somos reféns delas ou as gerenciamos?

ADAPTABILIDADE E FLEXIBILIDADE

Certa vez um funcionário público apareceu interrompendo uma das minhas conferências aos gritos. Ela esbravejava contra o prefeito que estava na plateia assistindo à explanação. Reclamava altissonante por melhores salários para a sua categoria. A plateia se agitou.

Em vez de me perturbar, respirei profundamente, fiz silêncio por alguns instantes e depois disse que ela tinha o direito de fazer seus protestos, mas que as pessoas presentes também tinham o direito de ouvir a conferência. A plateia aplaudiu. Em seguida, pedi-lhe gentilmente que se manifestasse em outra oportunidade. Ela silenciou, prestou atenção, e eu continuei minha preleção.

Já fui "premiado" diversas vezes em minhas palestras com falhas no microfone, mesmo quando usava aparelhos de última geração. Em vez de criticar os organizadores e ser vítima do Gatilho da Memória, sempre brinco que isso foi programado para treinar a superação do estresse dos ouvintes.

Certa vez, o som falhou e não voltou. Havia mais de mil participantes. Não tive dúvida, falei aos gritos. Se os atores na Grécia antiga falavam aos brados nos imensos teatros, por que eu não o poderia? *Se não for possível o Eu mudar o ambiente, ele deve mudar a si mesmo. Se não o fizer, será vítima, e não ator principal do seu script.*

A flexibilidade e adaptabilidade são características que todos devemos procurar. E não há gigantes. Alguns grupos de estímulos estressantes não nos afetam tanto, outros nos fazem claudicar. O nosso Eu deveria ser sempre uma "construção" inacabada. Humildade não é sinal de fragilidade, mas sim um raciocínio de alta complexidade e multifocalidade, uma grande couraça de um Eu experiente.

O pânico e o Eu doente

Infelizmente, devido a meus compromissos nacionais e internacionais, não tenho mais tempo de atender meus pacientes, algo que sempre amei fazer. Fiz mais de 20 mil seções de psicoterapia e nessa caminhada percebi que cada ser humano tem um tesouro soterrado em seu psiquismo, por mais doente que esteja. Encontrei pessoas fascinantes, que sofreram muito, mas que poderiam ter prevenido seu transtorno se tivessem desenvolvido algumas das habilidades fundamentais do Eu. Deixe-me contar mais um caso.

Um reitor de uma universidade me procurou com ataque de pânico. Havia passado por outros profissionais e tomado antidepressivos em dosagens corretas. Nada o fazia melhorar nem estabilizava sua emoção. Já não tinha prazer em trabalhar ou sair de casa. Embora fosse culto, seu Eu era passivo, não liderava sua psique, não gerenciava sua ansiedade. Os ataques de pânico dramáticos detonados pelo Gatilho da Memória encenavam um teatro de terror e faziam dele um mero espectador. Sentia-se às portas da morte.

O cérebro humano não está programado para morrer, sempre clama pelo direito à vida, mesmo quando alguém pensa em morrer ou se matar. Se o cérebro tem sede de viver, imagine a masmorra em que ele se encerra num ataque de pânico, onde o Eu dá um crédito fatal a uma morte surreal, fictícia. O cérebro sempre compra as "verdades" do Eu ainda que elas sejam falsas. A consequência neste caso? Uma série de reações psicossomáticas, como taquicardia, falta de ar, sudorese, que imploravam a esse intelectual que fugisse da situação de risco. Mas como fugir de si mesmo? Seu medo era dantesco.

Gosto de entrar nas causas inconscientes dos conflitos psíquicos, pois elas fornecem elementos para o Eu reeditar as janelas da sua memória, filtrar estímulos estressantes, superar seu drama emocional. Mas, nesse caso, mesmo conhecendo as causas que alicerçavam sua síndrome do pânico e sua fobia social, esse paciente continuava passivo.

Diante disso, percebi que precisava instigar seu Eu a sair da esfera da virtualidade e exercer seus papéis fundamentais. Pedi-lhe que fizesse continuamente uma mesa-redonda com o fantasma do medo da morte e da ansiedade. Questionasse os fundamentos, causas, dimensões e consequências. Mas ele, apesar de gerenciar centenas de professores e funcionários, não sabia gerenciar seu psiquismo. Solicitei, então, que, após o banho, pegasse uma toalha, projetasse seu medo e ansiedade nela, a torcesse, confrontasse e criticasse continuamente e com doses elevadas de emoção contra o medo de morrer, as imagens mentais aterradoras e a fragilidade do Eu. Também pedi que usasse a arte da crítica e da dúvida para reciclar, qualificar e impugnar os pensamentos mórbidos.

Fez por várias semanas esse exercício. Os medicamentos que tomava e, em especial, o atrito intrapsíquico produzido pelo Eu não apenas o fizeram sair das fronteiras das janelas killer abertas pelo Gatilho da Memória como também reescrevê-las de uma nova forma. Superou-se.

A dificuldade do Eu em usar o instrumento do pensamento para atuar no campo psíquico sempre demonstrou a fragilidade do *Homo sapiens*. Há pessoas que não têm o mínimo autocontrole da sua ansiedade, mau humor, inveja, ciúmes, depressão, obsessão.

Sabem onde tropeçam, mas caem todos os dias na mesma vala. Se o Eu aprendesse a liderar o processo de construção de pensamentos e das emoções, as profissões de psiquiatria e psicologia clínica teriam muito menos ocupações, pois as pessoas teriam ferramentas para previnir os transtornos psíquicos. Os presídios se transformariam em museus, pois a criminalidade diminuiria muito nas sociedades modernas. Mas em que escola ou universidade se equipa o Eu para ter esse autocontrole? Quem submete o psiquismo ao seu pleno gerenciamento? Devemos ser todos eternos construtores do Eu se quisermos ser felizes e saudáveis.

CAPÍTULO 10

O Eu construtor e reconstrutor

A existência humana é um labirinto complexo de se transitar. Num momento, estamos sorrindo; noutro, chorando. Numa ocasião; somos aplaudidos, noutra, esquecidos. Num momento, somos heróis; noutro, fracos. Numa temporada, somos imbatíveis; noutra, derrotados.

Quem pode controlar todos os fenômenos da existência? Ninguém! Mal conseguimos controlar as variáveis que nos envolvem, como o tempo, emoções, pensamentos, motivações. Quem tem um Eu plenamente saudável? Quem está preparado para todos os eventos da vida? Ninguém! Quem acha que está preparado é porque está atravessando um período de bonança, saúde, heroísmo. Desconhece o labirinto da existência.

Uma coisa é certa, tudo é incerto; há curvas imprevisíveis em toda trajetória existencial. Ricos e miseráveis, intelectuais e iletrados, são todos espectadores de um mundo que não dominam completamente. Numa existência pautada por surpresas, procurar dentro de certos limites ser autor de nossa história é fundamental para a saúde psíquica.

Ser autor de nossa história não é ser imbatível nem ter uma vida coroada de sucessos. Não é ter uma emoção continuamente saudável, nem deixar de experimentar crises psicossociais. Não! É atravessar com dignidade os terremotos psíquicos procurando escrever nessa travessia os textos mais importantes de nossa personalidade. É ter um Eu que sai da superfície intelectual, liberta o pensamento imaginário, mergulha dentro de si e mapeia seus conflitos. Um Eu que cobra menos e abraça mais, que não ama excluir, mas é apaixonado por apoiar, inclusive a si mesmo.

O brilhante pintor Van Gogh, devido a suas habilidades plásticas, podia brincar com a tinta e criar obras-primas, mas seu Eu não tinha habilidades para brincar com a emoção e pintar quadros que retratassem a segurança e o júbilo em situações tensas. Como veremos no próximo livro, seu Eu era hipersensível. Não tinha proteção emocional. Não tolerava errar, não suportava as críticas, em especial dos íntimos. Pequenas rejeições o afetavam muitíssimo. Sua emoção era terra de ninguém, e não uma propriedade exclusiva. Abalado por uma amizade fragmentada, seu Eu tomou uma atitude extrema. Para mostrar fidelidade a um amigo, cortou a própria orelha e a enviou a ele. Como pode um gênio das artes plásticas chegar ao extremo da autopunição?

Não é fácil construir relações saudáveis. Como comentei, 80% das demissões dos executivos são decorrentes não de incompetência técnica, mas de inabilidades sociais, como lidar com perdas, frustrações, fracassos, motivar pessoas, trabalhar em equipe, se relacionar com pessoas difíceis, saber corrigi-las, corrigir rotas. Só é possível construirmos relações saudáveis se construirmos um Eu saudável. Grandes seres humanos que brilharam nas empresas sucumbiram nas águas do psiquismo.

Os instrumentos de navegação do Eu

Já pensou se o Eu tivesse um instrumento consciente para saber onde estão localizados os ciúmes, fobias, ansiedade, hipersensibilidade no córtex cerebral? Certamente, não percorreríamos esses bairros da memória. Já pensou se soubéssemos onde se localizam as janelas que contêm as experiências que nos fizeram transbordar de alegria? Certamente nos ancoraríamos nessas áreas. Mas, sem GPS ou bússola para localizar o mapa dos conflitos psíquicos, o Eu percorre os circuitos da memória e entra em campos minados.

Algumas pessoas choram, dizendo que detestam ser impulsivos, mas, quando percebem, já estouraram. Outros prometem que não mais serão tímidos, mas, quando estão nas reuniões de trabalho, detonam o Gatilho da Memória e começam a jantar na mesa da insegurança. Onde está o Eu delas? Que funções ele não aprendeu? Sem compreender e exercer as funções vitais do Eu, todo conselho, orientação, pensamento positivo se dilui no calor das tensões.

Onde está nosso Eu, pilotando nossa psique ou sendo controlado? Aprendi que ninguém é digno do conforto emocional se não usar suas crises para nutri-la. Ninguém é digno da maturidade se não aprender humildemente a reconhecer sua estupidez e a usar suas crises para nutri-la. Ninguém é digno da mais excelente liderança se não usar seus temores para construí-la.

Muitos têm medo de ter contato com seu próprio ser e falar da sua história. Não investiram o Eu de coragem para reconhecer que são falíveis, pedir desculpas e começar tudo de novo, ainda que ninguém acredite neles. Eles sufocaram a oportunidade de crescer debaixo do manto da insegurança. Gostamos de falar dos nossos sucessos, mas nos calamos sobre nossos desertos emocionais: fracassos, lágrimas, perdas. Eu já passei por desertos psíquicos importantes, e todos eles foram fundamentais para estruturar meu Eu.

Na juventude, eu era um dos mais seguros, extrovertidos e sociáveis da minha turma de amigos. Não era um dos mais brilhantes alunos de medicina, mas era um dos mais críticos. Desde o início da faculdade nunca consegui aceitar o que as pessoas me diziam sem passar pela minha crítica. Aprendi desde cedo que um aluno que não é capaz de questionar seus professores, pelo menos em alguns momentos, não é digno da arte de pensar. Ao discordar deles, não queria mostrar superioridade, mas que estava pensando. Isso acontecia em destaque nas aulas de psicologia e psiquiatria. Não poucas vezes, escrevi de modo diferente o conteúdo que me passavam.

Por tais atitudes, alguns me viam como uma pessoa segura e determinada. Mas os defeitos na construção do Eu nem sempre são visíveis. Meu Eu era mal construído em áreas importantes. Não sabia proteger minha psique nem qualificar meus pensamentos. Por influência genética (minha mãe era hipersensível e tinha tendência à depressão), por cobrar excessivamente de mim mesmo e não saber trabalhar perdas e frustrações, atravessei o vale indecifrável da angústia.

Desenvolvia raciocínios unifocais, lineares, simplistas, punitivos e pessimistas, e meu Eu, ingênuo, dava um crédito fatal a eles como se fossem verdades absolutas. Não usava o pensamento antidialético para raciocinar multifocalmente, para enxergar por múltiplos ângulos meus estímulos estressantes e me reciclar. Não confrontava minhas ideias perturbadoras. Era passivo, um escravo no território da emoção.

Não sabia mapear a minha história nem reconhecer as janelas killer duplo P que estruturavam minha personalidade. Minha mãe, por exemplo, querendo me ajudar a ser responsável, quando eu tinha cinco para seis anos disse que meu canário morreu de fome por minha culpa, porque não tratei dele. Ao invés de me ensinar a lidar com o fim da existência, minha mãe, sem querer, intensificou minha dor. Não poucas vezes deitei na cama chorando, me colocando no lugar do canário que pouco a pouco morrera de inanição. Talvez nem tenha sido essa a causa da morte dele, mas aquelas palavras ditas inocentemente podiam gerar, e geraram em mim, uma janela traumática com alto poder de ancoragem/atração do Eu e alto poder de agregar novas janelas e produzir uma zona traumática. Isso me transformou em uma pessoa hiperssensível à frustação, o que me levou a ser hiperpreocupado com a dor dos outros, uma função nobre mas exagerada que propicia o caminho para a depressão.

Admiro muito minha mãe, mas nossos pais, ainda que maravilhosos, por desconhecer os mecanismos de construção do Eu, podem provocar traumas subliminares sem que o saibam. E o pior é que crescemos e corremos o risco de reproduzi-los. Pais que comparam um filho com o outro, usam palavras radicais como "Você só me dá desgosto", "Você erra sempre", "Você não tem jeito" podem plantar janelas killer. Educadores que, como vimos, chamam a atenção dos alunos em público, também podem incorrer nessa grave falta. Devemos sempre corrigir em particular e elogiar em público.

Em minha história, desconhecia a arte da dúvida, da crítica e da determinação estratégica. Usava a lei do menor esforço para me superar. Tentava me distrair ou negar minha dor emocional. Era um espectador que se sentia incapaz de mudar as cenas do filme de terror. Queria interromper o filme psíquico, como o querem quase todos os que sofrem. Mas como poderia desviar meus olhos de mim mesmo? Como poderia fugir dos fantasmas que emanavam das janelas da minha memória e me assombravam?

Chorei muito. Entrei em contato com minha fragilidade e pequenez. Tomava banho, e as gotas de água pareciam roçar e ferir minha pele. Sou psiquiatra, e meus livros são usados por muitos psicólogos, mas, na época, há quase 30 anos, como um simples estudante de medicina, tinha preconceito de procurar um profissional de saúde mental. É tão bom procurar ajuda, é tão relaxante reconhecer que não somos perfeitos, mas eu e muitos dos meus colegas tínhamos preconceitos. Reconhecer que estava doente era sentir-se diminuído. Um erro crasso.

Para sobreviver, comecei a me interiorizar e, aos poucos, a me observar e depois me mapear. Fiquei dias e semanas analisando meus pensamentos perturbadores, minhas ideias estúpidas, minhas imagens mentais angustiantes. E anotava tudo. Foi um tímido começo, mas despertei para deixar de ser espectador passivo e começar a reciclar minha dor emocional. E fiz uma grande descoberta, ainda que óbvia: "tenho um Eu. Esse Eu não apenas executa tarefas, mas também pode atuar em minha mente". Não tinha uma autoconsciência elevada desse Eu, nem sabia que poderia gerenciar meus pensamentos nem reeditar as janelas da memória, mas foi fascinante, embora incipiente, esse *insight*.

Não sabia que estava desertificando a MUC e que as janelas traumáticas da ME estavam fornecendo matéria-prima para meus pensamentos mórbidos e minha crise emocional. Afinal de contas, estava sendo preparado para ser um médico, mas não para gerenciar minha mente, para saber proteger o corpo, mas não minha emoção. Como em todas as universidades do mundo, não tínhamos aulas sobre os mecanismos de construção do Eu.

E continuava anotando tudo. No começo eram dezenas de páginas, depois se tornaram centenas. Desse modo, comecei a esboçar o começo de uma nova teoria psicológica. Timidamente, pensei: ou serei vítima do meu sofrimento ou o enfrentarei e procurarei administrá-lo. Comecei a perceber que o Eu perde todas as vezes que se inferioriza, coloca sua cabeça debaixo do tapete da sua miséria, culpa os outros pelas suas falhas. Comecei, assim, a entender pouco a pouco os fascinantes mecanismos de construção do Eu.

A DOR PSÍQUICA, A MAIOR ESCOLA

A minha dor emocional foi minha escola e meu mestre. No decorrer da faculdade de medicina, comecei a penetrar na história dos pacientes. Depois de uma aula prática sobre câncer, infarto, cirrose, meus professores e colegas iam embora, mas eu frequentemente ficava. Queria saber muito mais do que sobre órgãos e tecidos, queria conhecer o psiquismo deles. Desejava conhecer as lágrimas, alegrias, sonhos, pesadelos, ideias perturbadoras que permeavam suas mentes. E anotava tudo. Eu os ensinei, mas eles me ensinaram muito mais. Eles não tinham *status* social, estavam se tratando gratuitamente, eram pobres, mas descobri que eram psiquicamente ricos. Ficava fascinado com o borbulhante universo psíquico daqueles simples anônimos. No sexto ano da faculdade, ficava quatro horas por dia numa sala do diretório acadêmico, saturada de entulhos e com milhares de caixas de medicamento (amostras grátis) espalhadas pelo chão, escrevendo minhas ideias numa velha máquina Olivetti manual. Foi o começo da minha história como escritor.

Formei-me, e o exercício da psiquiatria e da psicoterapia aumentou minha sede de conhecimento sobre o funcionamento da mente e expandiu minha trajetória como pesquisador teórico. As centenas de páginas se tornaram milhares. Nessa caminhada, entrei em áreas do processo de construção do Eu, dos tipos de pensamentos, sua natureza, o processo de interpretação, os papéis conscientes e inconscientes da memória. Nunca mais fui o mesmo. Para quem entra nessas áreas da psique, *status* e fama tornam-se elementos imaturos numa existência tão breve. Durante esse processo, um sonho calou fundo em minha alma, contribuir com a ciência e com a sociedade, democratizar o acesso a ferramentas que poderiam ampliar os horizontes da inteligência e prevenir transtornos psíquicos.

No começo foi dificílimo publicar. Rejeições fizeram parte do meu cardápio. Parecia que esse sonho era um delírio do meu Eu. Mas, depois do cálido e seco inverno, surgem as mais belas primaveras. Por fim, a dor emocional solitária gerou minha sede de conhecimento, se tornou um sonho, que se converteu em sementes, que se transformaram em 30 livros e que têm sido plantadas em dezenas de milhões de leitores em múltiplos países. Que mérito tenho? Nenhum. Depois que estudei a natureza dos pensamentos e a formação do Eu, me sinto um ser humano em contínua construção, um caminhante que procura por si mesmo e pelos outros para superar a solidão da consciência virtual.

Aprendi que, dependendo do caminho que tomamos, podemos nos tornar os maiores algozes de nós mesmos. Como comentei, há pesquisas que dizem que o número de transtornos psíquicos está explodindo na atualidade. Cinquenta por cento das pessoas cedo ou tarde desenvolverão algum deles.[1] É provável que um em cada dois de nós seja afetado. E, se considerarmos o estresse moderno capitaneado pelo excesso de atividades, informações e preocupações, dificilmente vamos encontrar alguém plenamente sadio.

Descobri que vale a pena viver a vida apesar dos vales de lágrimas e de frustrações. O Eu deve decifrar os segredos de uma mente emocionalmente rica, saudável, criativa, inventiva. É muito difícil mudar a personalidade, mas mudar, lapidar, equipar e educar o centro gestor da personalidade, o Eu, é possível. A existência deveria ser uma academia de inteligência para continuarmos sempre a nos construir.

---

1 Institute for Social Research da Universidade de Michigan.

A aeronave de nossas mentes pode alçar voos altos ou rastejar. É uma pena que pouquíssimas pessoas procurem entrar em camadas mais profundas do seu ser através de um autodiálogo inteligente, relaxante e produtivo. É uma pena maior ainda que vivamos numa sociedade tão superficial, que encara se procurar e conversar consigo como loucura.

Loucura é conversar com todos que nos rodeiam, mas nos calar sobre nossa história. Loucura é criticar o mundo de fora, mas não criticar nossos fantasmas, não reciclar nossos medos, não dar um choque de lucidez em nossos pensamentos dialéticos e antidialéticos perturbadores. Loucura é desligar os motores de nossos carros para que não sofram desgastes, mas não desligar as nossas mentes, ou gerenciar nossos pensamentos para não estressar intensamente o nosso cérebro. Loucura é distinguir inúmeros sons ao nosso redor, mas não escutar a voz agradável e inaudível do antiespaço do pensamento virtual que clama para procurarmos por nós mesmos e mudarmos nosso estilo ansioso de vida. Loucura é consumir produtos e serviços e esquecer que aquilo que o dinheiro não compra, como a arte de proteger a psique e de se interiorizar, é fundamental para a saúde de psíquica. Loucura é viver em casas e apartamentos confortáveis, mas não ter lugar dentro de si para descansar e relaxar. Sim, loucura é o Eu se autoabandonar nesta belíssima e imprevisível existência e não usar sua inteligência para se reconstruir nem se reinventar...

FIM
(do primeiro volume)

Todo o conteúdo deste livro é apenas parte da produção de conhecimento do autor Augusto Cury sobre a teoria da Inteligência Multifocal. O autor ainda tem mais de duas mil páginas não publicadas.

Volume dois

O *Eu Estressado: Mecanismos de Superação*

No livro *A fascinante construção do Eu*, foram estudados alguns importantes mecanismos de formação do Eu e algumas das habilidades que se devem adquirir para ter saúde psíquica e social numa sociedade altamente ansiosa. No segundo livro, que completa esta obra, *O Eu Estressado: Mecanismos de Superação*, a ser publicado no futuro, se completará a visão da teoria da Inteligência Multifocal, sobre os mecanismos básicos da construção do Eu e sobre os vários tipos de Eu doente: o Eu tímido, ansioso, hiperpreocupado, hiperpensante, hipersensível, engessado, radical, inseguro, impulsivo, neurótico pelo poder. Também se discorrerá sobre as ferramentas que o Eu deve usar para se superar.

NOTA RELEVANTE

O Instituto Augusto Cury, que promove cursos para crianças, adolescentes e adultos sobre qualidade de vida, prevenção de ansiedade, as habilidades socioemocionais para a excelência profissional, as regras de ouro para a formação das relações saudáveis, bem como matemática inteligente e outros, tem o prazer de anunciar que está aberta a temporada de franqueados. Se você sonha em ter uma carreira de sucesso e quer contribuir com uma sociedade mais saudável e inteligente, informe-se e candidate-se.

www.institutoaugustocury.com.br
contato@institutoaugustocury.com.br

Conheça algumas das unidades do Instituto Augusto Cury:

Recife (PE)
Rua Dhalia, nº 211
Bairro: Boa Viagem – CEP: 51.020-290

São Paulo (SP)
Shopping West Plaza – Francisco Matarazzo, s/nº – Bloco C / Piso 5
Bairro: Água Branca – CEP: 05.003-100

Natal (RN)
Rua Souza Pinto, nº 1.138
Bairro: Tirol – CEP: 59.022-260

Ribeirão Preto (SP)
Rua Itacolomi, nº 750
Bairro: Alto da Boa Vista – CEP: 14.025-250

**Acreditamos
nos livros**

Este livro foi composto em Sabon MT e
impresso pela gráfica Santa Marta para a
Editora Planeta do Brasil em junho de 2024.